實相般若　隨緣不變　在纏不壞

金剛經註講

觀照般若　無我不破　無惑不斷

弘定法師◎著

目錄

金剛般若波羅密經註講

釋弘定編著

民國六十五年冬再翻版
民國六十九年冬再翻版

一 叙緣起

佛教教主本師釋迦牟尼佛於三十成道，八十入滅，始自寂場，終至娑羅双樹林，其間說法四十九年，談經三百餘會，結集為三藏十二部聖典。如來一代教化衆生其調整機宜的次第，在時間方面分為五時說法。

㈠華嚴時：卽說華嚴經。世尊初成道時，為暢演一真法界妙理，現佛之報身、（煩惱淨盡、福慧圓滿），為大機菩薩說自證法門，談華藏境界。可惜一類鈍根的小乘們多不解，徒負如來一片婆心。要之直談大乘圓頓法門，令其頓超直入，專被大乘利根菩薩機者，是為三七日說華嚴時。

㈡阿含時：說阿含經之時，因為華嚴會上小機不契大教，所以如來隱大現小，為實施權，超凡入聖，是為十二年說阿含之時也。

㈢方等時：方等一切大小乘經之通稱。佛為普應群機，說維摩詰經、大集經等讚揚大乘，極力彈偏斥小，權實兼施，以引小入大，是為八年說方等之時也。

㈣般若時：佛為破空破執，於四處十六會

(1)王舍城靈鷲山七會。

(2)祇樹給孤獨園七會。

(3)他化自在天王摩尼寶藏殿一會。

(4)王舍城竹林苑中白鷺池邊一會。

開示真空實相，真俗圓融之理。諸小乘人因經過方等會上的種種彈斥，破妄顯真，趨進中道實相之門，是為二十二年說般若之時也。

(五)法華涅槃時：說般若後，佛見衆生根機已經成熟，開除權小之執，顯示圓實之理，說法華經七卷，圓滿法門，是為七年，後三個月於佛將臨涅槃的前一晝夜，說涅槃經二卷，重示常住佛性，會三乘之權，歸一乘之實，直捨方便，說無上道，是為說法華經時。

以上是「別」五時，明說法時期，從一至五，次第隨宜，各時所說教義，其頓漸權實歷然不紊。它是就衆生根器，如來依次第先後而成熟之。所謂：初由華嚴之「擬宜」，次以阿含而「引誘」，繼以方等之「策進」，再以般若之「淘汰」，終以法華之「開顯」為究竟。「通」五時，是明如來教化衆生隨時應機而施教，不限年月，不依次第。所謂不一定華嚴時就一概直談大乘圓頓之理，或在阿含時就一概專說小乘漸教法門。知道了這五時通別的道理，那末，兩種四教（頓、漸、密、不定。此與祕密皆爲同聽異聞如來同一說法，衆生各因爲依機所了解的是不同。）歷時分明，沒有差錯。則不一味拘於「阿含十二、方等八、般若二十二、法華涅槃七年」之說，以謬解如來說法之本旨。

佛所說之法，法本寂靜，非緣起，法不顯也。須菩提，因機緣具足，故啓請釋迦世尊說般若之妙理。佛說本經，必與須菩提借以問答，顯其真理教導衆生也。

二・釋經題

分別解釋有四段：是解釋四種名詞。

㈠金剛：金剛是一種礦物的寶石，有三種特質：

1.金剛之堅硬不變，能破壞一切物質體，而不會被他物破壞：是比喻，實相般若，隨緣不變，在纏不壞也。

2.金剛之利，能摧壞一切物體：是比喻，觀照般若，無我不破，無惑不斷也。

3.金剛之光明，這寶石是善有光彩之明：是比喻，文字般若，能開智慧，無明得明也。

㈡般若：此是梵語，譯為智慧。怎樣不直譯之，而仍存梵語—「般若」呢？因在中國無有相當的名詞可以代替，雖意譯為智慧，實則未盡正確。智論云：「般若定實相，智慧淺薄不可以稱」。因為通常的所謂智慧者，乃不足以表顯般若的含義，世人以聰明就是智慧，若翻之則與彼混濫，而失却般若殊勝義。為了表示這種智慧的特勝，所以沿用原音—般若，而不直譯為智慧。此即五不翻中尊重不翻，及四例翻經的翻字不翻音的意思。

五種不翻：

(1) 多含不翻—如薄伽梵(佛之尊號)含六義：
　1 自在　2 熾盛　3 端嚴　4 名稱　5 吉祥　6 尊貴。

(2) 秘密不翻—神咒。

(3) 尊重不翻—即般若等。

(4) 順吉不翻—如阿耨多羅三藐三菩提等。

(5) 此方無不翻—如菴摩羅果等，是印度一種果名。

四例翻經：
(1)翻字不翻音——般若二字及一切神咒等。
(2)翻音不翻字——卍字等。
(3)音字俱翻——純粹譯成華言之經典。
(4)音字俱不翻——梵本（非但音不翻、字亦不翻）。

其實般若當譯為妙智慧，以別世人所稱的智慧才為完善的！世人雖也各有他的智慧，是世間智慧（知識），如科學、哲學等知識，此乃世間有漏智所成的有為之法，總不能令人明心見性，了生脫死，獲到究竟安樂。且於其中却含有能使人發生一切煩惱和痛苦的可能，乃至用之不當，則能造出許多害人，害世的巨禍來（如原子彈等）！故世間的智慧是一種邪正兼雜（用於正途則正、用於邪途則邪），利害參半（善用之則有益於人，惡用之有害於人）。因為它——世智，是由第六識妄心分別出來的一種妄知妄見，是不實、是染污、非純善，尤其是有限的。事實可稱為知識，確沒有當得起智慧的資格，那裡更談得到妙呢？至於本經所說的般若妙智慧，那就不同了！它是自性中本具的一種無漏智，完全由真心流露出來的，是離過絕非無染純淨、正常、真實，是唯正無邪，並且沒有窮盡的。人間能用了它，非但能令自己斷惑證真，離苦得樂，且能普度衆生同超生死苦海，同登安樂彼岸，這就是般若妙智慧，豈可與世智辯聰同日而語哉！智論云：「般若者，一切諸智慧中最為第一、無上、無比、無等，更無有上」卽此意也。故世間的有漏智，與本經所說的般若智，真是天地懸殊也。

現在再來把般若—智慧，的意義略釋一下：明白真理，認識事實，叫做智慧。通達有為之事相為智，通達無為之空理為慧；智有照了的功能，慧有鑑別之作用；智能明了諸法，慧能斷惑證真；又智明外境，慧明自心。所謂能勘破諸有為法，內而自己四大色身，外而一切萬有，皆是緣起幻相，沒有實法實我，謂之智；了悟心佛衆生三無差別之妙理，證同人人本具的不生不滅之常住真心佛性，謂之慧。扼要的說；般若，乃諸佛菩薩親證諸法實相的一種圓明本覺智；亦卽離一切迷情妄相的一種清淨無分別智；也可說是通達一切法自性本空，而無所得的一種真空無相智。這豈是世人所能夢想得到的呢？依般若的性質來說其類有三：

㈠實相般若：「實相」，卽諸法如實之相，不可以「有無」等去敘述它，也不可以「大小」等去計度它，非凡夫的心理所能想像，也不是世代的言論所能指陳，所謂心行處滅，言語道斷，無可表達，無可取著；這是一種不可思議的境界！所以法華經說：「唯佛與佛乃能究竟諸法實相」。

茲約三義釋之：

(1)實相無相─離一切虛妄之相，沒有一相可得，故曰無相。

(2)實相無不相─具足恆沙功德之相，沒有一法不是，故曰無不相。

(3)實相無相無不相─雖離相而本體不空，雖具足而自性本寂，所謂真空不碍妙有，妙有不碍真空；若言其有，妙有非有，若言其空，真空不空，離一切相，即一切法，故曰無相無不相。此即實相般若也。

(二)觀照般若：乃實相理體上所起的一種智用。謂行者修觀時，心光內凝，照了諸法，凡所有相皆是虛妄，當體即空，由空妄相，而見實相，以實相由觀照而證得，故謂之觀照般若。又如實了解聖教中所說的道理，依理去體驗實修，於其中間所有的功行，曰觀照般若。

(三)文字般若：諸佛菩薩從其親證實相理體，假借文字語言以開導一切有情，使其解悟者，謂之文字般若。若約狹義來說：即指本經始終所有的文字，以及般若裡面所詮的義理，因其能使眾生開發智慧，故謂文字般若。尤其觀照沒有它，則不能成立，實相沒有它，則沒有顯示，故以文字般若稱之。再進一層說，則凡佛所說的一切言教，都概括在內。若廣義來說

：則非僅聖典上的文字而已，凡一切言語動作等，能表顯意義令人理解而啓發智慧者，都是文字般若。雖說文字不是實義，然而沒有文字，却沒法起觀照，而證實相。凡初學佛修行的人，要先從聖教聽聞啓悟，然後依所知的道理去實際真修，以期獲到最終的結果，得到真實的受用，這才算為有次第的學佛修行，同時也不致行錯了路。

如本經所明者，則指解悟諸法皆空之理，謂之文字般若；依法空無我慧，去觀察覺照，謂之觀照般若；徹悟法性無相，親證實相，謂之實相般若（實相般若理也，觀照般若行也，文字般若教也）。

此外有一種方便般若—通達一切諸法去用方便化導衆生，如菩薩位至佛果的中間依般若俗智通達利生方便法門，廣修六度萬行，救度一切衆生。

㈡波羅密：是梵語，譯為彼岸到。

所謂離生死此岸渡煩惱中流，達涅槃彼岸也。涅槃者：不生不滅，即本性也。本性者，性乃本具之意也。言本具者，明非造作。既非造作，可見本來如是，而非從無而有者。故曰本具自不生。言其本來已具，非新生也。既本不生，故今亦不滅。而衆生生死而不息者，相也，非性也。何故生死不已，由於其心生滅不停。當知生滅不停之心，所謂識相也，亦非性也。何故如此，由於「煩惱」而來，故心有起生滅，性變為識。由此造業，受輪迴苦。而衆生不知返本，認識為性，迷於生死之相，所以輪迴不息。故以煩惱，比喻中流。以生死比喻此岸。以涅槃比喻彼岸也。蓋本無此岸彼岸，因有中流隔之，遂成彼岸此岸之別也。煩惱亦曰惑，所謂見思惑也。見思皆從我見而生。故欲了脫生死之相，須證不生滅之性。而欲證本性，須化除我見。然我見根深，必須用種種法以調伏之。開根本智以斷除之。所謂理雖頓悟，事須漸除，猶之過渡，從此岸達彼岸也。而說一流字，又所以顯其危險，無明風萬不可起，起則墮流而下，甚至有滅頂之凶，尚能渡達彼岸乎，若細別者，生死含有二重，煩惱亦兼見惑，塵沙無明而言，凡夫著有，執於人我，遂因見思煩惱，而墮分段生死。二乘及權教菩薩者空，執於法我。遂因塵沙、無明煩惱，而有變易生死。故欲證到無餘涅槃，須空有俱空，破我法二執，了兩重生死。渡過見思、塵沙、無明等煩惱中流，乃達涅槃彼岸耳。故大智度論云：有無二見皆屬此岸。二執俱空，始達彼岸。

(四)經：經者，梵語修多羅，本義為線。引申為貫穿，為契合。將佛說之法，分類結集成書，因以修多羅名之。謂貫穿佛語，攝持不失，上契佛心，下契衆機也。大法東來，古德遂以經字譯修多羅。經的本義，為經緯組織與修多羅之線義，貫穿攝持等義，正復相當。且吾國習慣，惟聖人語，始得稱經，極其隆重也。

三、明翻譯

姚秦三藏法師鳩摩羅什譯，因為這部經，本來是印度的梵文，怎樣會變成中國文，而流通到現在，供我們閱讀呢？

這就是在我國姚秦的時候，有一位博通三藏的法師，名叫做鳩摩羅什的。是他將梵文翻譯成中國文的。姚秦，姚是秦國皇帝的姓，秦是姓姚的做皇帝時的國號。這時候的中國亂得不成樣子，英雄豪傑，各霸一方稱王，各不相下。這許多國家中，有一位姓苻名堅的人，割據陝西，建都長安，國號叫秦，兵強馬壯，人材很多，曾因宰相王猛的治理，國境之內，倒還也算太平。在這時大秦國內，往往於夜裡，遠看西方毫光燭天，大家都以為希奇。經太史官的占卜，奏到秦皇帝苻堅說：「西南方有大智慧的聖者在那裡，在方向推起來，應當是龜慈國。」秦王苻堅說：「我早知道有鳩摩羅什法師，其人智慧過人，學問出衆，他在龜慈。我當派兵向龜慈國王商請，如其不允，就把他的國家消滅了。」於是就差大將呂光，帶了幾萬兵，一路浩浩蕩蕩向着龜慈國進發。秦王苻堅，派遣了呂光以後，心不知足，倚仗着自己兵馬衆多，認為東晉國百姓，不能沾到王化，很以為遺憾。其實想併吞東晉，遂起兵攻打晉國，想不到遇到了東晉的謝安，不動聲色的把他七十萬人馬，打得大敗。苻堅的大將姚萇，本來奉命鎮守秦國，因苻堅吃了敗仗，頓然生起野心眼兒，認為可取而代之。遂起兵截住了他的歸路，並且把他殺死，篡奪了他的皇帝位，國號仍舊叫秦。呂光帶兵到了龜慈國，向龜慈國王索取羅什法師，龜慈國當然不肯。還是羅什法師知己知彼，知道龜慈國小，敵不過呂光，犧牲小我，保存國家，還是上策的。國王因羅什法師的建議，乃忍痛割愛，洒淚而別。呂光請羅什法師回國，到了涼州地方，採報姚萇已殺死秦王苻堅，佔據皇帝位，他就頓兵涼州，自立為涼王，國號就叫做涼。羅什法師也留在涼國，在留住涼國的時間，他學會了漢文漢語，以及中國的文史哲學。

等到姚萇死了，他的兒子姚興即皇帝位，才想起呂光迎請羅什法師的事。于是又派兵攻打涼國，消滅了呂光兒子，把羅什法師迎請回秦國，奉為國師，供養於逍遙園。召集國內有道學的僧衆，幫助他翻譯佛經，譯場的人數多至三千。最出名的是：僧肇、僧叡、道生、道融，稱為什門四傑。先後翻譯經論，共三百八十餘卷。流傳最廣而為人所愛讀的要算法華經、維摩詰經、阿彌陀經、以及現在講的金剛經。羅什法師將要入滅以前，曾經對佛發願說：「如果我所譯的經論，不違背佛意，則我死以後，我的舌頭不會因焚身而燒壞。後來他入滅以後為他火葬，果然舌頭完整。足見他所譯的經，至今為人所歡迎，當然生有自來，非為等閑了。

四·解經文

法會因由分第一

分解：釋迦牟尼佛一大事因緣說法度衆生。法者真理也，人若不照佛法而行，定必造業受苦，故佛講經說法是令人行為，須照佛理，時常以智慧（般若）觀照一切，則不陷落輪迴，可以超生脫死，能成佛作祖。於祇園會集說法由此起因。斯時若無有齊備三因者，則不開法會，所以機緣不到不說也。

概論：此經原無分段，後梁，昭明太子分為三十二分，而文與義本是一氣連貫，不為因分段，所割截讀者會而通之。

本分是全經之序分，說佛在世說法之儀式，在祇園法會因此而起。佛之日常生活，起居坐臥之為，無有表顯領袖、師長之能度，與弟子等無有差別，凡事大慈平等為本，動則利人利物，靜則修身練性，為佛子者，應照佛之制度規律，日常起居間，直顯真心本體，萬不可豐衣足食之貪妄，於浪自恣。中庸曰：「道也者，不可須臾離也，可離非道也。」道在人心，人之一舉一動，時時刻刻，自然顯其道體，有修與否，一觀能知，所以修行者之舉動言語，切不可妄為偏行。然世間欲修行者不少，因不明佛理而修，其行易偏，因行偏，證果定是難矣。如此之故，凡人當易誤解，故言「佛非凡人可修」此言謬至極矣。如是我聞，另又有四義。

㈠斷眾疑：因結集經時，設有甚莊嚴之法會於廣眾中，非一人在於房內關門閉戶而抄寫，是以同一親自聽佛說法之人，聚集于法會中，其時阿難坐在法座上，念誦一句，大眾覺得無有疑處，默然印可，如是將此，始認為確實是佛說之法，然阿難斯時結集經藏，一陞法座，相好同佛，眾起三疑。

1.疑佛再來。

2.疑阿難成佛。

3.疑他方佛來。

至阿難高唱，如是我聞之時，衆人三疑頓息。

㈡秉佛囑：佛將入涅槃，阿那律陀教阿難。

問佛四事：

1.佛在世，我等依佛而住，佛滅後，我等依誰而住？

2.佛在世，我等依佛為師，佛滅後，我等依誰為師？

3.佛滅後，結集經時，一切經首，當安何語？

4.惡性比丘，佛滅後，如何處之？

佛　答：

1.依四念處住。即是（觀身不淨。觀受是苦。觀心無常。觀法無我。）

2.以戒為師。

3.當來結集經時，一切經首，當安「如是我聞」等語。

4.惡性比丘，默擯而之。（即是變心弟子，不要理他，不合作之意。）

㈢息諍論：以阿難位居初果，德業不及羅漢，何況上位，若不曰我聞，必滋諍論，今曰如是我聞，以如是之法，乃我阿難從佛所聞，衆知阿難多聞第一，由耳達心，永不忘失，故息諍論。

(四)異外教：外道經首，皆安阿憂二字，阿者無也，憂者有也。以其有無不決，故安此二字。

智度論：如是，表信，信得過就說如是，信不過就說不如是。佛法甚深，「信為能入」，如無有真誠善意的信心，即不能虛心領會。結集者說：佛如此說，佛如此說我如此聽，現在就我所聽的又如此誦出，真實不虛，一一契合於佛說。

●法華經云：若於後世讀誦是經者，是人不復貪著，衣服臥具飲食資生之物所願不虛。

如是我聞：一時，佛在舍衛國祇樹給孤獨園，與大比丘衆千二百五十人俱。爾時，世尊，食時，著衣持鉢，入舍衛大城乞食。於其城中次第乞已，還至本處。飯食訖，收衣鉢、洗足已，敷座而坐。

註：

●如是：如此之法也。

●我：集經者阿難之自謂也。

●聞：耳聞，阿難親從佛聞，非傳聞也。

•一時：指釋迦世尊說經之時也。是因佛在世所說之經甚多，有時說此法，有時說那法，所以難究其所說各法之月日。兼之各國之時間不一，曆法也不同，故不能定說也。如印度正午十二時，我國非是正午十二時，我國正午十二時，英國美國非是正午十二時：照天文學說，歐亞日中菲日出，美洲夜半，如此時不一，故混稱一時。

•佛：說經者是釋迦牟尼佛也。佛是梵語，具言佛陀，華語覺者。

•舍衛城：印度波斯匿王之國都。

•祇樹：祇是祇陀太子之略稱，樹是祇陀太子布施之樹林，故名祇樹也。

•給孤獨園；波斯匿王之大臣須達拏，好善樂施賑濟貧人，衆稱他為給孤獨長者，而且將黃金鋪地購買此園地，建僧舍給佛在此說法度衆生，故稱給孤獨園也。

•大比丘：是梵語。比丘譯成華語，乞士、怖魔、破惡的三種意思。

1.乞士：上乞法以養慧命，下乞食以養生命。

2.怖魔：魔是壞人，因為比丘，不蓄財產，正直守戒，壞人沒奈何他，而且都怕他。

3.破惡：比丘必須遵守佛所制定的二百五十條戒，不做一切惡事，所以叫做破惡。

大，固然是一種尊貴的稱呼。比丘不是僅僅乎學小乘自利的人，他們如目犍連、須菩提、舍利弗，都能發菩提心利益一切衆生的，所以稱大。

•衆：僧也，僧非個人之名，四人以上謂之僧（團體）。

•俱：共住之義。

•爾時：彼時也。

•世尊：舉世之人，所共尊敬。佛為三界之尊也。三界者，欲界、色界、無色界也。

•食時：正為乞食之時，早晚均非乞食之時也。非乞食之時而乞食，不惟乞者無所得，而施者亦無有施也。

•着衣：身穿柔和忍辱之袈裟，即大衣。

佛制：衣有五衣、七衣、大衣三種。

1.五衣名安茶會，不論睡覺做事，就是大小便也不離身，即是內衣也。

2.七衣名鬱多羅僧，即入衆之常禮服，在大衆中所穿。

3.九衣（大衣）名僧伽黎，即復衣，在乞食說法時所穿的，是佛教大禮服。但不定是穿了走，或擔在肩頭，或由侍者拿著，到城村附近穿起來。

•鉢：鉢是盛飯之器具，此鉢有三應。

1.色相應：鉢是灰黑色，令人不起愛心之意。

2.體相應：鉢體為粗質，令人不起貪心之意。

3.大小相應：不過量乞食不過七家，令人不貪口腹之意。

佛用之鉢，傳說是石鉢。成道後，有商人奉麵供佛，但沒有食器。四天王各獻一石鉢。佛就合四為一鉢，所以佛鉢的鉢沿，有四層疊痕。

•乞食：正是教眾生布施，以護其福德也。

佛是金輪王子即中印度迦毗羅衛國之國王淨飯王之太子，論其身份誰不供養，如此行乞者，欲使後世徒子，不須生殖貲產，去其貪心，折其憍慢，以練其性，正君子者，謀道不謀食也。

•次第行乞：佛教之乞食制度，平等行化，除不願施食者以外，不得越次而乞。正是表彰其忍辱，無有選擇富貴貧賤，大慈平等也。

•收衣鉢：以示休息，心無勞慮也。

•洗足：以表示禪定，正念不動將欲說法也。

講：

阿難云：此本金剛般若波羅密經，是我如此親聞釋迦牟尼佛說法，非臆說也。佛說此經之地方，是舍衛大城之城外，在祇樹給孤獨園，與有德行之比丘並羅漢及各弟子共有一千二百五十人共住在一處，此時佛到快要食飯之時候，穿上袈裟拿四天王所獻之鉢，由祇樹給孤獨，園進入舍衛大城去乞食，在其城中，順序乞已，又回到原處吃飯，飯吃完後，將衣鉢收拾，洗足清淨，然後敷坐具於高座而坐，將要說法之因緣由此而起。

⊙疏鈔云：經云舍衛國有一長者名須達拏，常施孤獨貧窮，故曰給孤獨長者。因往王舍城中護彌長者家為男求婚，見其家備設香花，云來旦，請佛說法，須達聞之，心生驚怖，何也，須達本事外道，乍聞佛名，所以驚怖。至來日，聞佛說法，心開意解，欲請佛歸，佛許之，令須達先歸家擇勝地。惟有祇陀太子有園、方廣嚴潔、往白太子、太子戲曰：若布金滿園，我當賣之，須達便歸家運金，徧布八十頃園竝滿，是以太子更不復愛其金，同建精舍，請佛說法，曰祇樹給孤獨園。

⊙藏經、智度論云：論問曰：諸佛經何以故初稱「如是」語。答曰：佛法大海信為能入，智為能度。如是義者卽是信，若人心中有信清淨，是人能入佛法。若無信，是人不能入佛法，不信者，言是事不如是，是不相信。信者，言是事如是。譬如牛皮未柔不可屈折。無信人亦如是。譬如牛皮已柔隨用可作。有信人亦如是。復次經中說，信為手，如人有手入寶山中自在取寶，有信亦如是，入佛法無漏根力，覺道禪定寶山中自在所取。無信如無手，無手人入寶山中則不能有所取，無信亦如是，入佛法寶山都無所得。佛言：若人有信，是人能入我大法海中，能得沙門果，不空剃頭染袈裟。若無信，是人不能入我法海中，如枯樹不生華實，不得沙門果，雖剃頭染衣讀種種經於佛法中空無所得。以是故如是義，在佛法初善信相故，復次佛法深造更有佛乃能知人有信者，雖未作佛以信力，故能入佛法。

善現啓請分第二

分解：佛所說之法，法本寂靜，非緣起，法不顯也。須菩提因機緣具足，故啓請佛說，般若之妙理。金剛經從本分入正宗，其旨空宗卽是性空之理也。佛說本經，必與須菩提借以問答，顯其真理教導衆生；須菩提梵語也。此翻善現、善吉、空生，是世尊十大弟子中解空第一是也。

空生：須菩提出生於富貴家庭，出生時他家倉庫內之物品皆空，故名為空生。

善吉：父母請相師占之唯善唯吉，所以又名善吉。

善現：良久之間，在倉庫中所藏之物，又出現所以又名善現。

⊙概論：須菩提平常看世尊之生活舉動，始悟得，無住真心之妙用，法無有不具實相，般若之本體，所以感從衷出，讚嘆一聲希有世尊！當此成熟之機緣，請問佛二件事。

一、如何能使菩提心常住不退。

二、如何能使妄念心降伏。

蓋菩提心者，真如也，阿耨多羅三藐三菩提也，即是佛，即是如來，即是金剛般若波羅密，若能此七字，悟徹而體行，即得成佛。凡人之心，若能不昧，萬法亦然皆通，但迷謂之無明，無明則生妄念，悟則此心謂之智慧，先賢云：

迷者真成妄　悟者妄化真
妄真在迷悟　迷悟全在人

所以修行人須研究佛教以明佛理，自能洞徹金剛般若波羅密也。

本講義因俾初機者易解其義，常以體用之言說，佛理而言：體卽是用，用卽是體，因衆生之根性不同，方便上以體用之言說也。須菩提所問之菩提心者卽是真如也。真如從本以來，不生不滅、不垢不淨、不增不滅、寂然不動，其體性顯現時，般若之妙用而發生也。

真如以心之觀念而表顯謂之菩提心也。

真如以性之觀念而表顯其名詞謂之本性也。

真如以書籍之形迹表顯卽是經書也。

真如以言語表顯卽是講經說法之法也。

真如以身體之形迹觀念而表顯卽是法身也。

真如以人格化之觀念卽是佛也。

真如以原理之觀念發表其名詞卽是真理也。

世尊與諸弟子說法，周旋有四十多年，至今日有懷未吐，是因諸弟子一向不知佛心，凡佛所言多疑而不信，今日始為須菩提看破，所以須菩提不由得心中感動，故而當機發言「希有世尊」此一句話，不是表面之稱讚，是悟讚全經之張本也。

時，長老須菩提，在大衆中，即從座起，偏袒右肩，右膝著地，合掌恭敬而白佛言：『希有世尊！』

註：
- 長老：德高曰長，年高曰老。
- 偏袒右肩：露出右肩，表示不敢叛背師傅。
- 右膝著地：右膝跪地，表示無有左道旁門。
- 合掌：双手合掌，表示皈依師傅。
- 恭敬：恭恭敬敬，表示嚴肅。
- 白：口述。
- 希有：舉世所少有。希有讚佛之辭，具有四種。

一、時希有，難得有此說法之時候。
二、處希有，難得有此莊嚴之道場。
三、德希有，不但佛有極大威德，衆亦是道高德重者也。
四、事希有，事是說法度衆之因緣大事。

講：釋佛正要坐位之時候，弟子中道高並年齡最高之須菩提，在大衆中即從座位而起，整頓威儀，露出右肩，右膝跪地，兩手合掌，恭恭敬敬向佛陳述，舉世所少有者，我世尊也。

如來善護念諸菩薩，善付囑諸菩薩！

註・如來：佛號也，佛有十號，如來、應供、正偏知、明行足、善逝、世間解、無上士、調御丈夫，天人師、佛世尊。此十通號佛佛皆具，故先稱也。

一、如來者、法身之性，體自不動名如。悲智現身，光用徧照名來。（卽應報身）法身如虛空、清淨本然、無來無去，悲智如日輪，光明普照無不周徧，衆生雖見佛有應身報身之相，而法身實無形相常然湛寂、光寂無二，卽名如來。

二、應供：應受供養也。二乘但斷見思煩惱，了脫分段生死，只受人天供養，名半應供。如來圓斷三惑，永除二邊生死，萬德圓成，福慧具足，普應九界供養，名全應供。

三、正偏知：正，中道也。偏、空有二邊也。知、圓融三智也。佛於二邊中道無不了知故。蓋六道著有邊，二乘滯空邊，權乘菩薩住於中理性，法性菩薩分顯圓中理性，妙覺佛果則二邊不著，中道圓融三諦也。

四、明行足：明即三明。1.謂天眼明，識現在。2.宿命明，識過去。3.漏盡明，識未來故。行，即六度。蓋佛從無量劫修六度萬行，功證圓極，三明洞[illegible][illegible]。

五、善逝：善，妙也。逝，往也。謂佛正智破三惑盡，妙出世間而成佛果，既成佛果，雖來化現，不復染於生死矣。

六、世間解：世間，是有漏諸法，出世，間是無漏諸法，佛智無不了解明達。

七、無上士：謂佛於九法界無一人可與比肩，獨一無比，而能普應九界故。

八、調御丈夫：謂於柔性眾生而調[illegible]，於剛強眾生而御伏之，即調御眾生之大丈夫。

九、天人師：佛為天上人間之導師。又四惡眾生難度，天人眾生易度，故稱天人師。

十、佛世尊：佛，梵語佛陀，翻覺者。具有三覺，自覺、覺他、覺行圓滿也。世尊，位極無上，福德圓滿，普為世間出世間、共所尊敬故。

•諸菩薩：指祇園會下，修行之大眾也。菩薩之義，自利利他，上求佛道下化有情之義，福慧双修曰菩薩也。

講：須菩提稱讚佛曰：我世尊非常慈悲，對於已成道之弟子，十分盡調護眷念他之一切，對於未成道之弟子，細細囑付他之善心。

◉李文會曰：如者不生，來者不滅，非來非去非坐非臥，心常空寂，湛然清淨也。善護念者，善教諸人不起妄念也。諸菩薩者，諸者不一之義，菩薩法眼，能照見五蘊皆空，謂色受想行識也。菩薩者，梵語也，唐語道心，衆生常行恭敬，乃至鱗甲羽毛，細蟲螻蟻，悉起敬愛之心，不生輕慢，此佛所謂蠢動含靈，皆有佛性也。善付囑者，念念精進，勿念染著，前念纔著，後念卽覺，勿念接續也。

世尊！善男子、善女人，發阿耨多羅三藐三菩提心，云何應住？云何降伏其心？』

註．阿耨多羅三藐三菩提：梵語也，譯此云無上正等正覺也。阿：無也。耨多羅：上也。三：正也。藐：等也。三：正也。菩提：覺也。孰得而上之所以曰無上。然而上自諸佛，下至蠢動，此性是正相平等，所以曰正等。又因其覺，圓明普照，無偏無虧，所以曰正覺。換言之，正覺即是真如、真性、佛、如來、菩提心。

●也云何：如何也。

●妄念：妄者虛浮不實也。亂也。

●菩提心：無上正等正覺、真如、真性、佛、如來。

講：須菩提啓問佛曰：世間若有善男子並淑女人學道之初，發出菩提心，當如何常住，使其不退。妄念心一起，當如何降伏，而使其不惑亂自己之本性也。

◉王日休曰：梵語阿，此云無。梵語耨多羅，此云上，梵語三，此云正。梵語藐，此云等。梵語菩提，此云覺。然則阿耨多羅三藐三菩提者乃無上正等正覺也。謂真性也。真性即佛也。梵語佛，此云覺。故略言之則謂之覺，詳言之無上正等正覺也。以真性無得而上之，故曰無上，然上自諸佛，下至蠢動，此性正相平等，故云正等，其覺圓明普照，無偏無虧，故云正覺，得此性者，所以為佛，所以脫超三界，不復輪迴。

佛言：『善哉！善哉！須菩提！如汝所說，如來善護念諸菩薩，善付囑諸菩薩，汝今諦聽，當爲汝說。

註・善哉善哉：其言甚善，便重言善哉善哉。

・諦聽：用心仔細聽之意。（一心審察而聽）。

・當為汝說：佛因須菩提啓問之言甚善，佛讚歎須菩提，能知其意。原來佛出世，本為直示此心，奈未得機緣，所以自成道以來至於今日有懷未吐，今於祇園會上，須菩提有此一問，覺得巧遇知音，滿心痛快，稱揚他問得甚善，所以佛言；可以對汝說道。

講：佛因須菩提，啓問其言甚善，便重言善哉善哉，是佛讚歎須菩提能明佛意。佛再對須菩提曰：照汝所說，我善眷念已成道之弟子，善付囑未成道之弟子，此二句話實是使我發言未發言之言，汝既明如此之道理，我方可對汝言道，你要留心詳細聽我說也。

◉僧若訥曰：須菩提正發此二問。一問衆生發無上心，欲求般若，云何可以安全諦理。二問降伏惑心，云何可以折攝散亂，一經所說，不出此降住而已。

善男子、善女人，發阿耨多羅三藐三菩提心，應如是住，如是降伏其心！『唯然，世尊！願樂欲聞！』

註：唯然：答應「是是」之意，唯者領諾之意也。然者是其言也。

．願標欲聞：喜歡願意，聽其說道之理。

．世尊願樂欲聞：在此又稱世尊者以表深願也。

講：一般善男信女，既然發出菩提心，即是露出真如本性，以法身如來，示現凡夫塵勞之相，是無我相，無法相，亦無非法相。故善男女亦應如我之不住相而住。凡夫不住於相，即住於非法相。一住便差。妄心生滅，不得降伏。應在如來之穿衣吃飯上，理會兩邊不著之理，如是降伏之。可憐苦惱衆生，無論貧富，一生皆為衣食忙碌。無論操何職業，皆是乞食。早上起來趕赴都市中做事，即是入城乞食。按時上工下工，是次第乞已。乞食固然要緊，但應事畢即還至本處，凡夫之病，即是為衣食故，不得不向外馳求。結果忘卻了主人翁，不復還至本處。所以工作完畢，要快快回頭，把心靜一靜，回光返照，不要做不相干的事。此即是學佛之敷座而坐。我們能將經文語句，回到自己身上，自有受用果能於尋常日用之間，時時返照，即是降伏，即是兩邊不著，即是與性體相稱而起修。即念佛亦念得好。約境明無住以彰般若正智，約心明以顯般若理體，所以應該如是常住此心，當然降伏一切妄念心也。
譬如：有一間黑暗之房屋，電燈一亮即其黑暗盡變為光明之意思也。佛再要繼續說法，須菩提已敏悟此理，故曰唯然，即答應「是是」又未等到佛說完，即接口願聽師傳說如是之道理也。

◉逍遙翁曰：凡夫之心動而昏。聖人之心靜而明又云凡人心境清淨是佛國淨土，心境濁亂是魔王穢土也。

◉大藏經・金剛經論云：

論曰：善護念者依根熟菩薩說，善付囑者依根未熟菩薩說。

倡言：巧護義應知、加彼身同行，不退得未得、是名善付囑。

云何，加彼身同行，謂於菩薩身中與智慧力令成就佛法故又彼菩薩攝取衆生與教化力是名善護念應知。

云何，不退得未得，謂於得未得功得中，懼其退失付受智者又得不退者不捨大乘故未得不退者於大乘中欲令勝進故是名善付囑應知。

◉大藏經・金剛經註云：

善護念者為護念現在根熟菩薩與智慧力念其成就自行與教化力，令其攝受衆生也。

善付囑者為付囑未來根，未熟菩薩已得大乘者令其不捨未得大乘者，令其勝進也。

大乘正宗分第三

分解：佛之宗門，派別甚多，今言正宗者，是般若之甚深法，般若為諸佛之母，是最上乘法，即是最大之乘，最正之宗。

六祖曰：乘者行義也，故乘者謂佛之教法，能運載衆生各到其果地，本分為大乘正宗之綱領，故曰大乘正宗也。

概論：佛將前分連續說明，須菩提所問，如何應住，如何降伏其心。然修行人若有妄念心，自然不能常住菩提心，但欲常住菩提心，須降伏妄念心。降心之方法，要離四相，離相必須明一切相之根本，所以環境中一切之相，要明徹，方可有降心之法。本分雖言降心之法，然而重在分別一切相，並明究，我，人，衆生，壽者四相，本經自始至終，總以四相反覆而言之，可知此四相乃修行上最難破之關頭。圓覺經云：未除四相，不得成菩提。所以對此四相能徹悟而體行，始可言初到解脫門，否則還是門外之凡夫，世人最難降伏者，固執有我，我相因我見而生，我見以我相顯，一

表一裏，從來不離，破我相卽是破我見也，一執我相，四相追隨而起，究竟四相，是一個我相為主動，有我卽有對待之人相，對待者不止一人，卽是衆生相，我相在妄心中，念念相續不忘，卽是壽者相，菩薩隨便苟見有衆生得度，自我度之，卽有我相，從而四相俱起，有四相卽有分別心，使知六識生於末那識，有末那識便有六識，互相不相離。末那，唯識論所說八識中之第七識，以由第八識為所依，以第八識之見分為所緣而生之識。末那識譯為意，意有思量之義，此識常緣第八識之見分思量，我為法名末那，我法二執之根本。卽是凡夫造業之動源也。

◉江味農云：修行者第一應徹開「我」字，發心為一切衆生，此卽降伏我相。我皆令入無餘涅槃而滅度之，衆生剛強，令他修已不易。何況了生死，然皆不問，無論人與非人，皆度之成佛，亦本來皆是佛，此卽降伏人相。滅度無量無數無邊衆生，心中不起如何能度盡之念，此卽降伏壽者相。實無衆生得滅度者，此卽降伏衆生相。

◉太虛大師云：若菩薩，為我能度人，則卽著我相。我能度人能度衆生則卽著人相，衆生相。有我人衆生恆時存在，則卽著壽者相。總之卽是一四著我相，則皆相。佛說著三法印，諸法無我，諸行無常，涅槃寂靜，此三法印之理，若能明悟，了解我的意義，自然能不執我相，四相皆非。我是主宰義，對周圍一切能作得主，能自由支配，必如此始可言為我。譬如「我們的身體，定不能主宰，永遠不變，保持健康，無有病、老、苦、死等事」如此連自己最重要之性命並身體，亦不能自由支配，我的意義何在？佛說三法印是從有情之自身而說，有情是無常無我空寂，即是緣起的有情、依蘊、界、處、諸法而立，諸法是因緣生義，不能不是無常無我。世人保持心境平和適意為快樂，依佛法亦可言是苦，此苦不是憂愁等苦，是無常義，無常即是變不居，換言之，即是生而必滅，一切之快樂安隱，皆在不斷的變化無常之過程中，不是一得永得而可以悠久保持，終歸于滅壞之目標而前進，有生必有死，有壯必有老，有盛必有衰，因此可判定，「無常故苦」苦即不自由，焉能稱是我哉，所以佛說，因為有情執我我所，所以起惑、造業、流轉、不息、輪迴不停，總而言之，我執即是流轉動亂之根源，如能了悟明徹無我，即無有動亂的因、惑、業、，即不起，當下能正覺，諸法實相，一切即是寂靜涅槃。前說「無常故苦，苦故無我」是對有情存在的世間而說，這或是所依的五蘊，或是所住的器界，一切皆是無常，所以三法印而應用到一切。大乘所說，（無常故「無我」空）

，空是無自性的意，一切法之本性如此，從緣衆生而無自性，即無有常住性，獨存的，這個我的定義是同，但有情所執自我，在此意義上附入意志的自由性，此卽不同。從實在，常住。獨存意義說，「有情是無我空的」「諸法也是無我空的」本性空寂，也是涅槃，由此而論，諸行無常，諸法無我，涅槃寂靜的三法印遍通一切，為有情與世間的真理，此三者之深義本是同樣，每一法印能開顯正覺之內容，卽每一法印能離執證真，但修行之次第過程，先觀無常，由無常而觀無我，由無我而到涅槃。

佛告須菩提：『諸菩薩摩訶薩應如是降伏其心：所有一切衆生之類－若卵生、若胎生、若濕生、若化生；若有色、若無色；若有想、若無想、若非有想、若非無想

註·摩訶薩：菩薩中，具大覺者也。摩訶言大，心量廣大不可測量，乃是大悟之人也。

講：佛對須菩提乃諸菩薩、摩訶薩（各發大心之善男女）言。

學佛第一要開智慧。開智慧者，就最初步言便是明理。如不明了真實義理，發心不能達乎無上。明理不是專在文字上分解，必須修觀。云何修觀。既須多讀大乘經典，更須屏除外緣，收攝身心。若不先將此心攝在一處，何能依文字起觀照。故曰戒生定，定生慧也。戒以屏除外緣。定字有淺深，初下手時，必應勉強攝心一處，令心凝靜而不馳散，乃能起觀。迨至觀慧生，則大定卽在其中，不待勉強。故止觀云者，止從觀來，觀成自止。何以故。觀成則妄想悉除，便是止故。非以遏捺納暗證為止也。總之定慧二字，互相生起。止觀是學佛緊要功夫，不可不知。因一切衆生從無始以來不覺。今雖發無上覺心，亦不過發覺初心而已，其不覺妄心習氣未除，安有真心可住。若以為初發覺時便見真心，此卽一念，依然是妄想也。故初發心人，其下手祇有降伏。古人云：但求息妄，莫更覓真。卽是此意也。須知吾人之心，雖完全不覺，而實完全為本覺之所變現。所謂真妄和合，名曰識，是也。只要妄心分分除，真心卽分分顯。迨至妄盡情空，則以其始覺合於本覺矣。初不必言住不住也。此所以不言住而先言降伏者也，不但初發心時，應從降伏下手已也。自始至終亦只有降伏之功、乃至成佛、亦皆無所住。四大五蘊衆緣和合而現生相，故名衆生。盡其所之衆生則數多故云一切。其類繁，故又云之類。其類云何？若卵生至若非有想非無想是也。

佛經中言衆生類別，有以六道分者，欲人明輪迴之理也。有以三界分者，欲人明其高下依止，及不出色欲二事範圍之理也。今亦是以三界分類而言欲界色無色界者，以無色界尚有特殊生理，須特別顯出，方為徹底。亦欲使人明衆生之所以不能出三界，不但著色著欲之障，尚有根本障碍，必應徹底了然，為之對治，乃能入無餘涅槃，乃能滅度耳。先言欲界。欲界有二。

一、上界六欲天是也。（即四天王天、忉利天，夜摩天、兜率天、化樂天、他化自在天。）此等衆生是以福德勝人，故生天以尚有淫欲，故居欲界。是以欲念較薄，故但化生而無卵胎濕三生。

二、下界。人畜鬼獄是也。（此四道裡皆有修羅在內）

修羅・鬼・獄。———化生。

人・———胎生。

畜・———卵胎濕化。

此等皆因淫欲而正性命者。罪重情多，則愈下墜地獄。以次漸輕，則居人道。

色界天以上（即是色界十八天、分初禪、二禪、三禪，各三天、四禪九天也。色界亦有無想天、以既有色、故不攝入無色界）。皆是化生。然因色界以上之特殊生理不顯故，又舉若有色若無色為言也。以無欲故，因定力而化生色界，此其異於欲界者也。以并能不著色身相故，因定力而化生無色界，此異於色界者也。但舉有色無色，亦攝三界盡。

無色界四天。（無色界。但無業果色。以其斷欲，不著色身之相故。然有定果色。其色微妙，為色界以下所不能見，故曰無色界耳。）查記

一、空無邊處天：即此中之若有想。色相已空，故曰空無邊處。

二、識無邊處天：粗（色界）濁（欲界）之色身既空，則不執儭吝識在色身之內。故曰識無邊處。識即八識。真妄和合，名之為識。

因識故有想，謂第七之恒審思量而執我，及第六之分別偏計也。有想二字，統攝色欲。色欲界衆生，莫不有識。因六七識，故執色身為我。因執色身，故起種種貪欲之想然色界以下，不但有識，而有色有欲。故必先舉卵胎濕化有色言之，以明其異於無色界也。若無想以上，則為無色界之特

殊生理。

三、無所有處天：

謂第六識分別妄想無所有，以常在定中故。及第七執我亦無所有，以定中無思量，且不執有色身識無邊處，故其定力更深於前矣。

四、非想非非想天：

卽是若非有想非無想也。因至此定力愈深，第八識若隱若現，而未能轉識成智，謂之有想非，謂之無想亦非也。殊不知前云無所有非真能無所有。不過六、七識暫伏，彼自以為已無有耳。何以故。六、七識轉，第八識及前五識隨轉，何至尚若隱，若現乎。且彼誤矣，八識原為真心之所變現，何能無所有，更何必無所有，但轉之可矣。六識轉則為妙觀察智，七識轉則為平等性智，第八識卽隨轉而為大圓鏡智，前五識亦隨轉而為成所作智。如是而後體用全彰，又何可無耶。總由不知佛理，全用暗證，不得善巧。所以非想非非想，縱經八萬刼長壽仍然墮落也。以上虛空等神，天魔等鬼，若執相修因，頓起邪思，內修頑空，不修福慧，滯諸見聞，依念染著，口說佛行，心不依行等亦非是菩提心，若惑有此心，卽是，因此心行此業，已行此業，輪迴此道，此心不滅，輪迴不停，難入涅槃者也。

◉王日休曰：一切衆生，皆自業緣中現，故為人之業緣則生而為人。修天上之業緣，則生天上。作畜生之業緣，則生為畜生。造地獄之因緣，則生於地獄。如上文九類衆生，無非自業緣而生者，是本無此衆生也。故菩薩發心化之，皆成佛而得涅槃，實無一衆生被涅槃者，以本無衆生故也。

我皆令入無餘涅槃而滅度之。

註・無餘：涅槃之外，更無其餘之習氣煩惱故曰無餘。

◉太虛大師曰：無餘者，萬德具圓，二障永滅，無有餘蘊也。

・涅槃：圓寂解脫歸真反本之義。覺性。真如。無為。無上正等正覺。，楞伽經云：涅槃乃清淨不生不死之地，一切修行者之所依歸，然涅槃者，乃超脫輪迴，出離生死之地，誠為大勝妙之所。非謂死也，世人不，其理，乃誤認以為死大非也。此無餘涅槃，卽大涅槃也，謂此涅槃之外知更無其餘，故名無餘涅槃。

・滅：滅此妄相。

・度：復此覺性。

・滅度：以智慧滅其障碍，而度其出離苦海，卽是滅度之意。譬如治人患眼疾，經醫生治好，眼復光明，醫師是治他之病，並不是另外給他光明，所以光明是所本有，障翳是眼所本無。因為本無，所以可滅。因為本有，所以可度。

講：佛說：一切衆生之妄想心，皆不是菩提覺心。我皆令他將此妄想心滅却，度入於清淨無為之鄉，消融其滓穢，度脫其染着，如紅爐點雪，必使人慾淨盡，纖毫不留，深造於元默之境。註默：幽靜也。

◉六祖曰：如來指示三界九地，各有涅槃妙心，令自悟入，無餘者，無餘習氣煩惱也。涅槃者，圓滿清淨義，令滅盡一切習氣不生，方契此也。度者，度生死大海也。佛心平等，普願與一切衆生，同入圓滿清淨無想涅槃，同度生死大海，同諸佛所證也。煩惱萬差皆是垢心，身形無數，總名衆生，如來大悲普化，皆令得入無餘涅槃。證道歌曰：達者同遊涅槃路，註云：涅槃者，即不生，不滅也，涅而不生，槃而不滅，即無生路也。

如是滅度無量無數無邊衆生，實無衆生得滅度者。

講：如來我雖然如此滅度，但是無限量，無計數，無邊際之一切衆生，豈有得如來我滅度者也。是因何故？因衆生與菩薩，同具有菩提心，衆生只為迷而不悟，以致有此種種妄念心，現在其妄心，而度歸清淨。原來就是還其本所有，斯時心地一旦豁然開朗，頓見本性空寂，是乃自性自度，名為真度，非如來我度之。

◉僧若納曰：第一義中無生可度，卽是常心也，若見可度卽是生滅，良由一切衆生，本來是佛，何生可度，所謂平等真法界，佛不度衆生。

◉李文會曰：衆生者，謂於一切善惡凡聖等見，有取捨心，起無量無邊煩惱妄想而輪迴六道是也。

◉文殊菩薩問世尊：實無衆生得滅度者如何？世尊曰：性本清淨，無生無滅，故無衆生得滅度，無涅槃可到，此皆歸之衆生自性耳。

◉六祖壇經云：自性自度，名為真度。

何以故？須菩提！若菩薩有我相、人相、衆生相、壽者相，即非菩薩。

註・相：形迹也，執着形迹，心不虛空，滯而不化謂之相也。

・我相：凡自愛其身，終日營營爭名奪利，為一身計，又為子孫計卽，是我相。

●人相：凡分別爾我，見人勢利攀緣不已，見人萎弱嗔壓不已，嫉人之有吝人之求，都是人相。

●衆生相：凡色受想行，計其和合，貪嗔痴愛，汩沒靈源，都是衆生相。

●壽者相：凡焚香禱祝，為求現在福田，煉藥燒丹，希望長生不老，都是壽者相。

講：佛又曰：須菩提！若他們有得我滅度之念頭，卽執著我人衆生，壽者四相。此理未悟之菩薩還是衆生，已悟之衆生，方是菩薩，實在自性自度。我並無功於他們，他們也不可有我滅度之念頭，若存此之念頭，卽執著四相，也不是菩薩。

妙行無住分第四

分解：妙行者，無能行，無所行，所謂行無行行，雖行而不著於行也。有所行，就不能無住，有所住，就不能清淨。今言，妙行無住之奧妙之行，本無住著，卽是無住相，凡所有相，皆是虛妄，住相卽是住虛妄，若不住相，卽不為妄境所動，則不生不滅，清淨本然之體，此不住之住，是為真妙行也。

概論：本分是教導衆生，降伏妄念心須以妙行無住，自然菩提心迴然獨露矣。然發菩提心，不但心念而已，要履行其事而救衆生，救度衆生，須要不住相，從無所住救度衆生中，降伏自己之煩惱卽是降伏妄念心，深入清淨之實相，達到自利利他之圓成。無所住者，是心之法，內不住我，外不住人，中不住所施之物，卽三輪體空，如同鏡子照物，隨來卽應・隨去卽無，要在離諸塵相，就是離六塵是也。六塵者，色聲香味觸法之六境與六根接，則汚淨心，故此謂塵也。無住何先言布施，佛以布施為例而說法；世上修行，最住者慈善也，慈善以布施為先，人存有慈善之心，應先以布施對自己可戒慳貪。布施實為佛法六度之首，菩薩之修行，總括不乎六度波羅密，六度波羅密可攝盡修萬行之一切。布施又可總攝六度波羅密，此六度以般若為導，而實彼此相應相攝，布施波羅密卽具足一切波羅密。

本經發菩提心者以大悲度衆生，此與布施卽以自己所有的財慧布施予衆生，使他離苦得樂，尤為事情切合，故本經以布施為主而統攝利他之六度行也。布施如何能攝六度？布施有三、財施、無畏施、法施。

一、財　施：以金銀房屋衣服等之財物調濟於人，以及體力甚至犧牲生命去救人等是財施。財施分為外財施、內財施、衣食等財物為外財物，體力以及生命等為內財施，如此之財施，即狹義之布施波羅密。

二、無畏施：凡人驚恐畏怖之中，我力所能及到，不避艱難去救護，令眾生離諸怖畏，就是持戒與忍辱二波羅密。

•持戒：能持戒之人，當然修善止惡，處眾不碍大眾，更不使受到威脅不安。如殺人者，使人有生存之威脅，偷盜者，使人有財物喪失之恐怖等。如能嚴受持戒、潔身自守，即不浸害他人，於是，理得心安，自己自然不起怖畏，同時度化人與人間相安無事。

•忍辱：必須守戒克己，但人人習氣不一，雖然自己守戒，若有人以非禮相待，于時如不能忍辱克己，以慈悲心感化他，或設法避免，非則甚易衝突，仍不免乎相殺相奪，造成人間恐怖。若能以恩報怨之心德處世，寬容他人卜恕人、纔是做到真正實行持戒忍辱二波羅密。

三、法　施：為佛弟子，人人有弘法之義務，所以修行人須修法施，當然要行法供養，以全身心力供養於法，依法修行，同時以法布施與眾生，為眾生說法，使眾生啓發正知正見，引導他向上增進及解脫成佛。法施可以攝精進，禪定，般若三波羅密。

•精進：以法布施，若有極難度之衆生，不當生疲倦心，應當勇猛精進度化，使他離苦得樂。行法施，最重要在於觀察聽衆之根機。是聲聞，獨覺種性來求法，當為說二乘法。是菩薩，種性來求法，當為大乘法。但觀機最不容易之事，在佛法中觀機之方法，是以修定。

•禪定：可以鑑機。若內心散亂，貪著世間，我見妄執，即不能洞察其機，便不知衆生之根性，即不能知時知機，為衆生說法，何以可能施其適宜之法哉。修禪定由定而起他心通，宿命通，天眼通等。修到如此地步，可能直接觀衆生之根機而為他說法。如此真正實行法施波羅密。

•般若：是達事理，修行者須以般若為導，無智慧，必落於顛倒二邊，何為佛法、何邪何正、不能辨解，如此是否可能法施？法施必定依教明理，要明理須要修般若波羅密。般若的三義如前已詳細說過了在此不重說也。

◉永嘉大師云：住相布施生天福，猶如仰箭射虛空，力盡還墜也。

佛云：不著相布施之福德量，譬如東西南北四維上下無邊際之虛空，不可思量，蓋大、莫大於虛空，非人之所能測度。東看皆西，南看皆北，上俯皆下，下仰皆上，不立中邊有何四維，既無界限，何以可能測其界量。原來，東西南北，是人定之名稱，實則無中無邊，四虛無礙，是以虛空無所有，如如自在，湛若十方，空以無所住，住是太虛空，福德性應如是住矣。

『復次，須菩提！菩薩於法應無所住行於布施，所謂不住色布施，不住聲、香、味、觸、法布施。須菩提！菩薩應如是布施，不住於相。

註•復次：還復也。

•菩薩於法：在此之法者是無上正等正覺也。

•住：是取著不捨之意也。

講：佛再還復，對須菩提言：

菩薩於無上正等正覺之法，行於布施，當然不著於相布施、捨其貪、離開六塵、六根清淨、若一著相，卽落一個、眼之悅於色，耳之樂於聲，鼻之齅於香，舌之甘於味，身之觸於慾，意之思於法（意卽指心）此皆有相之運用，是局於有限，世上一切所有之相，等一微塵，並不久遠，豈是我性中本有之福德哉。佛又說：須菩提！菩薩應當不住相布施，若能不見有我，為能施人，不見有他，為受施者，不見中間，有物可施，謂之三輪體空之布施，即是無相可施也。

◉逍遙翁曰：誦金剛經者，若人了知住無所住心，得無所得法者，此名慧業。若人日積課誦之功，希求福利，此名福業。二者相去絕遠，如霄壤也。

◉張無盡云：夫學道者，不可溫飽為志，本求無上菩提，出世間法，慈以事不如意為怨，而圖衣飯為心者，又何益於事，又曰，不住色布施者，謂智慧性照見一切皆空也。

何以故？若菩薩不住相布施，其福德不可思量。

講：是因何故？若菩薩不著六塵、六根清淨、不著於相布施、其福德量、實不可以心思測其量也。

◉臨濟禪師曰：佛有六通者，謂入色界不被色惑，入聲界不被聲惑，入香界不被香惑，入味界不被味惑，入身界不被觸惑，入意界不被法惑，所以達此六種皆是空，不能繫縛，此乃無依道人，雖是五蘊穢汙之身，便是地菩薩。

◉古德云：明心之士，其心猶如明鏡，能攝衆像，盡入其中，無有罣礙，清淨含容，無有邊際。

◉六祖曰：應如無相心布施者，為無能施之心，不見有施之物，不分別受施之人，故云無相布施。

須菩提！於意云何？東方虛空可思量不？』『不也，世尊！』『須菩提！南、西、北、方、四維、上、下虛空可思量不？』『不也，世尊！』『須菩提！菩薩無住相布施，福德亦復如是不可思量。須菩提！菩薩但應如所教住！』

註・云何：如何。

・不可思量：所思想之事不得測其量。

・虛空：太虛之中，無有纖毫隔礙，蕩然空朗。

・不：（凡問之不）。

•不：（凡答之不）。

•四維：東北東南西北西南謂之四維。

•四隔：東西南北謂之四隔。

•十方：東西南北四維上下謂之十方。

講：佛說：須菩提！汝意如何？如東方無邊際之虛空，可以心思測其量否？

須菩提答曰：世尊！不可測量。佛又說：須菩提！如南西北方同四維，合上下為九方虛空，那樣無邊際，可以心思測量否？

須菩提答曰：世尊！不可測量。佛再說：須菩提！菩薩無住相布施之福德量，亦如虛空無邊無際，須菩提！菩薩須如我所教，應住而無住，即如虛空無所住也。

◉謝靈運曰：聖言無謬，理不可越，但當如佛所教而安心耳。

◉李文會曰：不也世尊，須菩提謂虛空，我思量之，實無可思量也，不可思量者，既已覺悟，心無所能，即無我人衆生壽者四相，豈更有可思量，但應如所教住者，謂諸學人，當依佛教，住無所住，必得悟入也。

◉文殊般若經云：佛告文殊師利，當云何住般若波羅密？文殊言：以不住法為住般若波羅密。復問：云何不住法，名住般若波羅密？文殊言：以無住相卽住般若波羅密。此住之法詳矣，無非住無所住之意。

◉逍遙翁曰：須知諸法，如夢如幻，如影如響，如水中月，如鏡中像，又云，了達一切法，不住一切相，心如虛空，自然無礙。心住於相，卽屬有法，故知一切法，不住一切相卽能見佛性也。

如理實見分第五

分解：如理實見者，以如如之智，見如如實相之理。如理者，十法界無一是實法，皆是空法，若有實法皆是虛妄之相，所以不可以固執外色相，顯其自性，應以空不空之理，顯其真如也。須知真如之體是空，無形無相，寂然不動，不能以肉眼可看其體形，凡有形有體之相如幻如泡皆虛妄也。實見者，不可執相，亦不可離相。蓋執相是虛妄，離相又落斷滅，須不執不離，雖有相而不住相，卽見諸相非真實之相，善見如來也。

◉六祖云：無上菩提，得識自本心，見自本性，不生不滅，於一切時中，念念自見，萬法無滯，一真一切真，萬境自如如，如如之心，卽是真實，若是如是見，卽是無上菩提之身性也。

◉大乘義章云：言如如者，是真智所契之理，諸法體同，故名為如，彼此皆如，故曰如如，如非虛妄，故經中亦名真如。

◉雜阿含二七三經云：諸行空，常恆不變易法空，我我所空，所以者何？法性自爾。

概論：本分是破妄相，諸法即是宇宙間之萬事萬物。皆由各各之因，互相之緣，因緣具足始得其生，如泡如影而存在。因妄心之作用而認識其是實有故虛妄。諸法是因緣生義，若得明瞭，對種種之妄執即可以撲滅，若不能悟徹諸法之真理，豈可破其妄相也。

◉雜阿含十一經云：若因緣生諸色者，彼亦無常，無常因，無常緣，所生無色，云何有常。諸色既無常，如幻如電總是虛妄也。佛之所以為佛，即在究竟覺起空寂之中道。離此正覺以外，其他無有任何之特奇！所以，如能徹悟緣法相之空寂，即釋佛所說之法，無不了解，所以說「見緣起即見法，見法即見佛」此即是真切之見佛處也。

◉性空學探源云：菩薩不為阿耨多羅三藐三菩提故發菩提心，為一切法本性空故發菩提心。佛恐弟子不明降心離相之道理，特舉「見佛」問須菩提！取著身相──三十二相，出入來去相，穿衣吃飯相，坐禪說法相，能正見佛否？須菩提已領悟其理，所以說不可。「昔日有一次佛從忉利天，下來人間時，人間佛弟子無不歡喜去迎接見佛。依次序當然比丘在比丘尼之先，但有一位蓮華色尼欲先見佛，即化為轉輪王之身，走在最前面，她以為可能最先見佛。然佛對他說：不是你先見我『須菩提先見我身』須菩提是日無參加迎佛之勝會。因曾聞佛說『見法即見佛』當日須菩提正在審考正觀法相！於是觀察諸法從緣生滅，從無常為門而悟入諸法無性空，即是緣起性空，終徹悟如來法身。」佛說之身相是四大假合之色身如幻如影之妄相，即非有身相之實性，如取着色身看為是佛，即不能以如如之智之真實見解。須菩提但依身相之虛妄而說，佛從此原理，又推進一步說：不但佛之身相是虛妄，所有一切之法相：如山河大地及各種之器界相，凡聖賢衆生相，有碍有壞之色相，明了分別之心相，一切無不是依緣起滅，概是虛妄不實也。如不執其妄相，由諸相非相之無相門，契入法性空寂，即能徹見如來法身！從緣起虛妄取相看，千差萬別：從緣起「本性如實空相看」，却是一味平等。法性即一切法自性不可得，而無所不在，所以不須於妄相中另覓法身，可知如來在己身，向外何處求。

◉刋定記云：執相迷真對面千里，虛心體物天地一家。

註
•實法者：固執法也，由心而生必有生滅。
•空法者：無執法也，由真如發出，以智慧而行。譬如無觀念行動。三輪體空。住而無住。
•虛心者：觀其真相，不執外色相。觀萬有無差別，是平等。
•實心者：只看外色，不觀真相。觀萬有是差別，不平等。

『須菩提！於意云何？可以身相見如來不？』「不也，世尊！不可以身相得見如來。何以故？如來所說身相，即非身相。」

註
•身相：色身可見之形相卽是報身也。
•非身相：法身也。真如也。真性之佛也。
•如來：（可以身相見如來不）。（不可以身相得見如來）。（若見諸相非相卽見如來）：此三句經文之如來是說真性之佛也。法身也。真如也。

◉王日休曰：此如來謂色身佛也。須菩提又自問。何故不可以身相見如來。乃自答云。如來所說身相。非是真實。故云卽非身相謂無有真實身相也。

講：佛問：須菩提！汝意如何？可以身相見如來否？須菩提解其意。不也，世尊！不可以報身之形體看為佛。何以故？因為我世尊所說之身相，非是色身是法身，法身是離一切相，真空無形無相，不生不滅，湛然常住，何以可能看其形迹乎。

◉州禪師頌曰：身在海中休覓水。曰行嶺上莫尋山。鶯啼燕語皆相似。莫問前三與後三。

佛告須菩提：『凡所有相皆是虛妄，若見諸相非相，即見如來。』

講：世間一切之相，皆是假因託緣造形色，如幻如泡而存在，不但佛相如此。所以，佛又告：須菩提！凡所有相皆是虛妄不實，若識破諸相皆是虛空之理，即洞徹緣起性空，自然得見真如也。

◉陳雄曰：須菩提欲人人見自性佛，所以有即非身相之說。色身是相，中無真實之體，故云皆是虛妄。法身非相，却有真如本體寓乎其中，若見諸相非相，是見色身中有法身，見自性中有如來，而如來豈可外求，即吾性見矣。

◉壇經云：佛卽是性。離性無別佛。

◉顏丙曰：佛問可以身相見如來不？須菩提答不可，如來者，乃自性不屬去來也。四大色身，本由妄念而生，若執虛妄身相，而欲見如來之性，譬如認賊為子，終無是處。所以佛告須菩提云：凡所有相，皆是虛妄，若見諸相非相，卽見如來。若能迴光返照，得見身相無形可得，卽是見自性如來。

◉傅大士頌曰：如來舉身相，為順世間情，恐人生斷見，權且立虛名，假言三十二，八十也空聲。有身非覺體，無相乃真形。

◉大藏經‧金剛註云：前段說，無住相施，降伏其心，是成佛之因，恐善現疑佛果是有為身相故，佛問云何以身相見如來不？善現悟佛問意乃答，不可以身相見，然有相者應身也，無相者法身也。法身是體，應身是用，若知用從體起應卽是法，所以無相故。論云如來所說相卽非相，若能了達此意，則一切世間之相，無非真如無為佛體故佛印可，善現云：若見諸相非相卽見如來。

正信希有分第六

分解：本分是斷疑生正信，如此之人最為希有。因前分「不可以身相見如來」，佛恐衆生偏見，令衆生正信勿有懷疑，此疑「無住布施」「非相見佛」兩段而來。蓋因為凡夫之布施，皆是住相布施。凡夫之觀佛，皆是住相觀佛。凡夫不明其布施不住相，功德更大。觀佛不住相，其智慧更深。所以佛教人以無相之因，契無相之果，因深果深，此義難信難解，故云正信希有也。

概論：本分是假法悟性，卽是假色悟其真相。因為須菩提聽佛講說「不住相布施若見諸相非相卽見如來」，「佛非色相」，「不可取法相」，凡夫聞之恰如無佛無法，豈不是人法雙泯，因果俱空，如此甚深奧妙之理，具有覺性之衆生，未有不信受而奉行，但恐末後衆生聽此妙理，難得生信，故須菩提為末世衆生着想有此作問。

佛告。須菩提！豈無其人，不但現在有之，如來圓寂後，後五百年，亦是有之，當知此信受之人，必是諸惡莫作，衆善奉行，常修福，常持戒，多聞法，一舉一動所種之因，概是善根如此之人，因為在過去生中，非僅於一佛二佛之少數佛而種植之善根，於無量多數之佛所曾修習，積集深厚之善根，所以今生一聞金剛般若大法，卽生淨信無碍，此心一生，佛種成就，牢不可破。故前祖師曰：「能生一念淨信，卽可成佛。」

蓋眾生之心，一念念有生住異滅四相，其念不住，生生滅滅，微細已極，以致眾生迷真追妄，耽著五欲之樂，又為五蘊所蓋障，欲得一念生其淨信者，難之極矣。何以故，是此眾生未植善根，卽視聆金口宣說亦不能生其信心。今聞經中之章句，能得一念生淨信者，必是在八識田中已種下之善根，方能信任其道。信為道源功德母，長養一切諸善法，諸佛菩薩，初修道至於證道，皆從一個信字入手，眾生有此一念信根，卽種下未來之善果，故此一念信心，而受持本經久久薰習，自然戒慧成就。若不久積有善根者，何以能得如來之護念，得無量福德？是因此類眾生，已能無我相、人相、眾生相、壽者相，而且無有法相、非法相，能三相並寂，方能於般若無相法門得清淨信，此義極為重要。我人等四相，合為一我相：無此我相卽離我相之執著而得我空。無法相，卽離諸法之自性執，而得法空。無非法相，卽離我法二空之空相執，而得空空。執我是我見；執法、非法是我所之法見；執有我、有法是有見；執非法相是無見。依眾生自體轉，執有主宰之存在自體，卽我執；於所取的法相上轉，執有存在的實性，是法執此是於有為法起執。無為空寂不生不滅上轉，執有存在自性，卽非法執。所以，執取法相而不悟法空，執非法相而不悟空空，終究是不能廓清妄執之根源，不知此等於不知彼，所以也不得我空。衆生往往有妄執自性相，這確實存在—甚至是不變的，不待他的妄執。然如覺有真實之自性相，若是有所取著，那不論所着是法相或空相，不但不悟法空與空空，也不得無我慧，必也是取着我等四相。所以，我我所見，實為虛論，生死之根源。如真能無我無我所，離一切我執，必然離法見、空見之妄執而能『見諸相非相，即見如來』。利根者當能依無我無我所，徹見涅槃寂滅。此因為我空、法空、空空，僅是所遺執取之對象不同，「而自性空故」的所以空，並無差別。如燒草之火與焚香之火，草火香火雖不同，而火性是同一，了解草火之性質，就能明白香火之性質。般若離我我所有無是等一切戲論妄執，所以說「畢竟空中有無戲論皆滅」。能悟解三相並寂，即能於般若無相生一念清淨心。佛弟子當住於般若大智慧中，明無相實相，不應取法，不應取非法；所以如來從前於他經中，以秘密意而說過筏喻法門，筏是竹筏，是渡河用之工具，在過渡時是不可少，但既到對岸當然捨棄，如果到了對岸還不肯捨帶着走，豈不是顛倒？佛說之法恰似竹筏，只是從衆生位到佛果所用須要之工具，不當於法生執而不肯捨。佛以筏為喻，還含有其他之意趣，不可看表面之意義，所以說是密意。一、雖到岸當捨棄，但是還未到岸不能捨棄，若正在渡河中之時期捨棄了工具，就要發生危險。二、自己到岸可捨，但要到河中渡人時還要用筏，如果不用連自己也保不住。所以有智慧之人，聞得筏喻法門，當離虛妄分別之法、才能得般若智慧；一切都應斷，何況用以遮法之非法？本是一句假名，若再執著，豈不是顛倒中之顛倒？

◉太虛大師云：蓋是了達衆生四大假合，本來空無，無有四相可言、具復了達五陰之法亦如幻非實、法相無有，非法相不可得、其心湛然、無所執著、是諸衆生二空已明，空病亦去也。

◉筏喻經：出於阿含中。法與非法有二義：

一、法指合理的入正道；非法即不合理的入邪。法與非法，即善與惡。如來教人行善止惡，但行善也不可執着，取着即轉成虛論——「法愛生」而不能悟入無生。約「以捨捨福」說，善法尚且不可取着，何況惡邪之非法？

二、法指有為法，在修行中即入正道等；非法指平等空性。意思說：緣起之禪慧等功德，尚且空無自性，不可取執，豈可以取着非法之空相？

須菩提白佛言：『世尊！頗有衆生，得聞如是言說章句，生實信不？』

註・頗有衆生：大多數之衆生也。

・言說：佛所說大乘正宗之教也。

・生實信不：信其言，以此為真實與否也。

講：須菩提恐後世末法時代之人，聞法不能信受，以致向佛陳述：「世尊！所說『不住相布施』，『若見諸相非相卽見如來』如此真空無相之妙理，有大乘根基之善人，自然能信受而奉行，苟或末世之衆生得聞如是深奥之妙理，豈能信其言，以此為真實否？」

佛告須菩提：『莫作是說！如來滅後，後五百歲，有持戒修福者，於此章句能生信心，以此爲實。當知是人，不於一佛、二佛、三、四、五佛而種善根，已於無量千萬佛所種諸善根。』

註・持戒：諸惡莫作，有持守戒律者也。持戒有三種：

㈠律儀戒：凡行住坐臥，出入往還，嚴持身心，謂之律儀戒。

㈡攝善法戒：凡逢善事卽就履行，謂之攝善法戒。

㈢饒益有情戒：發心修行，欲拔衆生之苦，與以衆生樂，做有益於衆生之事，謂之饒益有情戒。

・修福：衆善奉行之修福者也。

・後五百歲：

佛說：正法（修行能證果）壹千年

像法（修行者多證果者少）壹千年

末法（非但證果修行無人）壹萬年

初・五百年。二・五百年。三・五百年。四・五百年。後五百歲是二千五百年。卽現今末法開始之人也。

講：佛告：須菩提！汝之疑問「生實信不」之說，然此真空無相之妙理，必有大乘根基之善人，能信任其道，不但現在有之，至於將來亦有，佛滅後後五百年之時，有嚴持戒行，廣修福慧之人，於此經中之一章一句，能信於心，以為真實，當知此人之善根，在過去生中，培植甚厚，不僅於一二三四五佛，種此善根，當於無量千萬佛所修習培成之善根也。

◉華嚴經曰：信爲道源功德母，長養一切諸善法。

◉智度論曰：佛法大海信爲能入。

◉陳雄曰：實信者實諦之階也。須菩提疑衆生不能生實信。故作此問。而佛恐沮衆生實信之心。且告以莫作是說。（沮：敗壞之意）

◉傅大士頌曰：因深果亦深，理密奥難尋，當來末法世，唯恐法將沉，空生情未達，問義恐難任，如能信此法，定是覺人心。

◉六祖曰：何謂種諸善根，所謂於諸佛所，一心供養隨順教法，於諸菩薩善智識師僧父母耆年宿德尊長之處，常行恭敬供養，承順教命，不違其意，是名種諸善根。於一切貧苦衆生起慈愍心不生輕厭，有所須求，隨力惠施，是名種諸善根。於一切惡類，自行柔和忍辱，歡喜逢迎，不逆其意，令彼發歡喜心，息剛戾心，是名種諸善根。於六道衆生，不加殺害，不欺不賤，不毀不辱，不騎不箠，不食其肉，常行饒益，是名種諸善根。

◉王日休曰：何謂種諸善根乎？至誠稱其佛號；或拈香一炷；或一拜；或以一物供養，皆謂之種諸善根。

◉僧若訥曰：顯其已多種善根者。見佛多；聞法多；修行多也。

『聞是章句乃至一念生淨信者，須菩提！如來悉知悉見，是諸衆生得如是無量福德。』

註：淨：心淨不亂也。

・信：信心不疑也。

・福德：信此經者名爲福德。世間所享者名爲福報。

・一念生淨信：參考本分概論。

講：佛又告：須菩提！若聞此經之一章一句，乃至一念之中，心淨不亂，心信不疑，而受持者，如來以佛智悉知其行菩提因，如來以佛眼悉見其得菩提果，雖名爲衆生，已有此一念之信根，即種下未來之善果，於是多聞熏習，以戒慧双修，其善根受用不盡，其福德豈有限量哉。

◉六祖曰：信心者，信般若波羅密，能除一切煩惱。信般若波羅密，能成功一切出世功德。信般若波羅密，能出生一切諸佛。信自身佛性，本來清淨，無有染污，與諸佛性平等無二。信六道衆生，本來無相。信一切衆生，盡得成佛。是名清淨心也。

◉李文會曰：得如是無量福德者，此謂如來知見衆生，無諸妄念，心常清淨，敬信其法，所得智慧勝妙功德，不可測量。

『何以故？是諸衆生無復我相、人相、衆生相、壽者相，無法相，亦無非法相。

註：●無復：不復存於心也。

●法相：執着此經章句，實信其言說，落於有見，是法相也。（參考本分概論）

●非法相：執着於沉空守寂，陷於無見，是非法相也。（參考本分概論）

講：佛言：此等衆生，何以能得如此無量之福德，是因戒慧双修，薰習已久，能悟得真空無相之理，對於我相、人相、衆生相、壽者相，無復存於心，亦無執着此經之章句，深信其言說，不落於有見，而為法相。亦無有執着沉空守寂，陷於無見，而為非法相。

◉川禪師曰：法相非法相，開拳復成掌，浮雲散碧空，萬里天一樣。

◉僧若訥曰：法相者，有見也。非法相者，無見也。捨二邊之著；故云無也。

◉太虛大師曰：法與非法，係對待名詞。如云：法是正行；非法是非正行。法相是；則非法相卽非。法是善法；則非法卽非善法。法是無漏；則非法卽是有漏。

「何以故？是諸衆生，若心取相，即爲著我、人、衆生、壽者。若取法相，即著我、人、衆生、壽者。何以故？若取非法相，即著我、人、衆生、壽者。是故不應取法，不應取非法。以是義故，如來常說：『汝等比丘！知我說法如筏喻者，法尚應捨，何況非法！』」

註：以是義故：以是之意義也。

◉如筏喻者：譬如有河要渡，未渡之時，不可無船筏。喻若未悟真性之時，不可無佛法也。旣渡之後，則不須要船筏。喻旣悟真性之後，卽不須佛法也。

講：前節，衆生已悟得真空無相之道理，心中纖毫無有染著，四相亦無復存，其福德實無限量。佛又反言，何以故？是諸衆生，心若取相而起妄念，便落我人衆生壽者之形迹。至於無法相者，以吾真如不在言語、文字之間。若取法相，是謂言，心外有法，就是與前執着四相者之心一般。至於非法，則執空相矣！若取非法相，則心執偏空，就是固執人死，身心皆斷滅，歸於空無，是錯誤之斷見，也與四相無異矣！是故不應執其有法，而取以為有；亦不應執其非法，而取以為無，以是之意義也。故佛嘗對諸弟子說，當知我所說之法，是因諸弟子，當起妄念，執着四相，不能了悟，真空無相，超於彼岸，我不過假此法門，令衆生度脱生死苦海，既見自本性證涅槃之時，則我所說之法，不可頑執，當棄之無所用。譬如：用舟筏渡人過河，到岸，此舟筏當然捨而登岸，就是假法悟性之意思，何況非法，也是亦然不可著於無，沈空守寂，能不著於無，則空不空，自無非法相也。

◉逍遙翁曰：有念無覺，凡夫境界；有念有覺賢人境界；無念有覺，聖人境界。智者可了知，說則難為說。

◉黃蘗禪師曰：謂裴丞相曰：佛與衆生，唯止一心，更無差別。此心無始以來，無形無相，不曾生，不曾滅，當下便是。動念即乖，猶如虛空，無有邊際，唯此一心，即便是佛。佛與衆生，更無差異。但是衆生著相外求，使佛覓佛，將心捉心，窮刼盡形，終無所得。不知息念妄慮，佛自現前。此心卽是佛，佛卽是衆生。為衆生時，此心不減；為諸佛時，此心不增。遇緣卽施，緣散卽寂。不假修證，本自具足。若不決定信此是佛，縱使累刧修行，終不成道。取法相者，謂言心外有法，故著諸相也。造惡造善皆是著相，著相造惡枉受輪迴。著相造善，枉受勞苦。都總不如便自認取本心。心外無法，此心卽法。法外無心，將心無心，心却成有。一切在我默契而已。若取非法相者，謂有取捨善惡凡聖等相也。

無得無說分第七

分解：本分無得無說者，無有定性之法可得，亦無有定性之法可說，當體空寂，無物可得；凡有言說，皆是剩語。前分，法不可取，佛不可見。佛既然不可見，經文是誰所說？法既不可取，得法是誰？如此之疑問皆是凡夫。以為有物可得謂之得，有法可取謂之法，殊不知法是不可對，不可見之法，並非有形之物質可比，既不可對不可見，又有何物可得哉？不然有人謂之是心得，此心得也是一個無形之我執，謂之所知障，又謂之理障。事障障凡夫，理障障菩薩。今云無得者，是事理二障双破也。未悟之時，須憑言說，已悟之後，不可執其言語。佛所說之法，有時說有，有時說無，皆是因病施藥之故，並無一定之法可說也。若是依生解，執着有無，皆是法執之病，但有言說，都無實義，今言無說者，是破言語文字之障也。

◉經頌云：菩提離言說，從來無得人，須依二空理，當證法王身，有心俱是妄，無執乃名真，若悟非非法，逍遙出六塵。

概論：本分乃續前分，說離相，佛所說皆是無為法，卽是菩提，卽是覺，卽是涅槃，卽是無住，卽是無相。可知無上菩提之無住妙法，可以心悟，不可色相中取，可以心傳，不可以口舌說，論其有而却無，論其無而却有。然佛自己在菩提樹下修行修因，以證菩提正覺之果，又在人間或在天上，廣開菩提之教，以此佛法仍是有得有說，何以教衆弟子「諸相非相」，「不應取法，不應取非法」，因此甚易誤解故。

佛問：須菩提！如來得阿耨多羅三藐三菩提耶？如來有所說法耶？須菩提已了悟菩提本來人人具足各有，自然之覺性，寂然不動，無形無相，圓滿周遍，難言語相，離文字相，不可著，不可取，不可以凡心計度，尤不可執如來所說菩提卽是菩提，如覺有何為智慧所得，更無有定法可說。

須菩提答曰：如我之心悟佛所說義，無有定法名阿耨多羅三藐三菩提，亦無有定法如來可說也。若謂如來有所說，則聽者有所取，有取則言語不斷，心行不滅，是虛妄想相，即墮有漏，不得謂之金剛般若之妙行矣。故如來所說法，心行滅則不可取，言語斷則不可說。諸法實相，非有非無，非有故，非法，非無故，非非法，既離有離無，云何可說？云何可取？故說者無說無示，而聽者無聽無得。何以者乎，證無可證，說無可說。因佛所說的，及所證的　法　，是無有定性可以取着，可以說也。所以一切賢聖發以無為法而有差別者，非所修之無為法不同，只因修行者之根基不同有利有鈍，悟有深淺之差別，成功自有遲速不同也，所以講教不能有一定之法，亦不能有一定之說在此也。可知如來無住妙法，本離開言語文字，一無所得。惟因普利衆生故，不妨現起種種形相語言，令人觀相起敬，聞法悟理。若有知慧者，即言語離言語，即名相離名相，知得即無得，知說即無說。即是一面說有緣起一、一面又即此緣起而顯空性。所以必須「隨說隨泯」攝一切法以趣空。

◉六祖曰：三乘根基，所解不同，見有深淺，故言差別，佛說無為說者，即是無住，無住即無相，無相即無起，無起即無滅，蕩然空寂，乃真是解脫佛性，佛卽是覺，覺卽是觀照，觀照卽是智慧，智慧卽是般若波羅密多也。

『須菩提！於意云何？如來得阿耨多羅三藐三菩提耶？如來有所說法耶？』

註•耶：疑辭也。

講：佛問：須菩提！汝意如何？如來果有所得菩提於己否。如來果有說一定之法而教人否。

須菩提言：「如我解佛所說義，無有定法名阿耨多羅三藐三菩提，亦無有定法如來可說。

註•解：曉也。

講：須菩提答曰：照我心悟佛所說是義理。蓋正覺者本是真空，無形無相，人人具足有，不過標其名為阿耨多羅三藐三菩提而已，未嘗泥著於一定之處，亦不是確定之固體法。然佛所說之法，無有一定者，是因弟子之根基不同，學識有深淺之故，佛慈悲教化衆生以隨機應變說法，不用一定之法也。

◉李文會曰：如來有所說法耶者，佛所問意。恐謂如來有所說也。無有定法者，根基有利鈍，學性有深淺，隨機設教，對病用藥。法華經云：諸根利鈍，精進懈怠，隨其所堪、而為說法，是故法無定相，迷悟懸殊，若未悟時，似有所得，若悟了時似無所得，得與不得，發是妄見，但不可執着，自契中道，豈有定法可說耶。

何以故？如來所說法，皆不可取、不可說；非法、非非法。

註：非法：非有故非法。非非法：非無故非非法。

講：須菩提云：佛之說法，無有定名，無有定說，皆為何故也？蓋佛所說無上菩提之法，可以心悟而不可以色相中取，心則馳於外而求也。可以心傳而不可以口舌說，若有說，則聽者有所取，即泥於口耳皆不可也。佛說的非法（雖有而却無 非非法（雖無而却有是空而不空之理也。

◉陳雄曰：如來所說者，無上菩提法也，可以性修，而不可以色相取，徒取，則何以深造於性理之妙。可以心傳，而不可以口舌說，徒說，則何以超出於言意之表。須菩提所以辯論，兩言不可也，是法也，微妙玄通，深不可識，一以言有耶，雖有而未嘗有，一以言無耶，雖無而未嘗無，此非法非非法之意，真空不空其若是乎？

◉李文會曰：不可取者，空生深恐學人不悟如來所說章句也。非者無也，非非者不無也。

◉黃蘗禪師曰：法本不有，莫作無見。法本不無，莫作有見。謂無卽成斷滅，謂有卽成邪見。

所以者何？一切賢聖皆以無爲法而有差別。」

註・賢聖：「聲聞中有七賢」：須陀洹至羅漢的果與菩薩十地與佛名為聖。

・無為法：無作無為菩提之覺性，卽是菩提。正覺：卽是涅槃，卽是無住，卽是無相。

・差：參差不齊也。

講：佛所說：無上菩提之法，皆自己的自然之覺性，人人具有，不假人為，故一切賢聖，皆以無為法而修，因學人之根基不同有深淺，悟有遲速，有差別不同者。賢人得道淺者，或假言說而後自悟；聖人得道深者，有頓悟頓修，本來無取，論其成功則一也。

◉疏鈔云：未了人空法空，皆名執著，了此二法卽曰無為。菩薩能齊證二空。聲聞方離人空，未達法空，故云離一非，以證前之義。故云而有差別。

◉顏丙曰：佛問須菩提，如來得阿耨多羅三藐三菩提耶？如來有所說法耶？答云如我解佛所說義理，皆無一定之法，可名可說，何故？如來所說法，如人飲水，冷暖自知，不可取是非法，又以者用也。無為者，自然覺性，無假人為，故一切賢聖，皆用此無為之法。然法本無為，悟有深淺，遂生差別見，到頭則一也。

◉傅大士頌：人法俱名執，了卽二無為，菩薩能齊證，聲聞離一非，所知煩惱盡。空中無所依，常能作此觀得聖自無疑。

依法出生分第八

分解：依法出生者，諸佛所依之法，盡從此經出，皆是無為法也。世間一切有為法，皆從心生，所謂心生法生，心滅法滅。若能虛心體物，卽無生可生，無滅可滅。非生非滅為中道。而生而滅為假名。中觀今論云：無生可生，無滅可滅。無生可生，由滅故生：無滅可滅，由生故滅。由滅故生，生是滅生；由生故滅，滅是生滅。滅生即非生。生滅即非滅。

非生非滅為中道，而生而滅為假名。世間之萬有，若以固執是實法，皆因心而生，所以妄見由此而來，變為業識，造業受苦，迷真逐妄之心，處處為業所轉，舊業未除，新殃又造，愈轉愈深，雖有本智，若不假般若之用，斷不能出此，煩惱障蔽之苦海也。

佛苦口婆心宣說此部大乘金剛般若波羅密經，真有不可思議之妙用，以淺言教化衆生，以深意啓悟菩薩。初修行之弟子，如能受持此經，依教修行，必能超生脫死登彼岸。是因般若為無上之法門，諸佛能成無上正等正覺，皆是般若之力，故云依法出生也。

概論：本分指點，諸佛皆從般若而生，即從此經而出。般若經中，隨處以校量功德顯其真義。信解般若，必然能得大功德。在悟解「法性空寂」之聖賢，本是不用廣說，但為攝引初學，而怕他誤解空義，而撥無因果，所以佛陀慈悲特為處處以校量，在比較中，校量容易表顯真實義也。佛校量以「三千大千世界之七寶以用布施，是人所得福德，寧為多不。」是人求福為目的以用七寶布施，其福德量當然有限。聚寶求福布施是借物而修，物量有限，而福德量亦如是有限，實非福德性可比也。持經精進以為他人解說其義，是法施自度度他，謂之率性而修；其性彌滿六合，其福德亦如是，謂之福德性也。求福以財布施，不如無住相之法施，何以者乎？法施，能啓發人之正知正見，健全人之品德，引導他向上精進及解脫，成佛由此而可得徹底的安樂，所以非財施可及也。

佛所說法施之功德，超過七寶布施，是因一切佛及佛的阿耨多羅三藐三菩提法，都從此般若性空法門，經典，所出生。般若經說：般若為諸佛母。如進一層說：佛說十二部經，修學之三乘聖賢，無不從般若法門出生。無有般若，即無有佛，菩薩，就是世間之人天善法，也不可得。般若為一切善法之根源！得無上正覺，所以名為佛，然無有般若因行，豈有無上正覺，豈有佛？諸佛：是佛；阿耨多羅三藐三菩提是佛所得之法。佛與佛所得之法，合名佛法。

佛說：所說之佛法，即非佛法。畢竟空中，確是人法都不可得。假使就此執為實有之佛法，即錯誤是不明「見法即見佛」之道理。

◉老子曰：大道無名，強名曰道。

◉六祖曰：如來所說佛者，令人覺。所說法者，令人悟。若不覺不悟，卽外佛外法者，卽非佛法也。

◉文殊師利云：一切衆生，愚迷顚倒，不知覺悟，種種修行，不離身內，若於身外修行，無有是處。菩薩於諸佛法，都無染著，亦無捨離，見如不見，聞如不聞，心境空寂，自然清淨，是故佛法非佛法也。覺道之人既能覺悟諸相皆空，但用所得知解妙藥，治箇心中妄相執著之病，心地自然調伏，無罣碍也。

『須菩提！於意云何？若人滿三千大千世界七寶以用布施，是人所得福德寧爲多不？』

註·三千大千世界：是形容極多個世界。日月所照，須彌山為中心，七山八海交互繞之，更以鐵圍山為外郭，是曰一小世界，合此小世界一千個為小千世界；合此小千世界一千個為中千世界；合此中千世界一千個為大千世界。三千大千世界者，示此大千世界成自小千中千大千三種之千也。

·七寶：金、銀、琉璃、玻璨、瑪瑙、珍珠、珊瑚、此七種是也。

•寧：王日休曰：此寧字，乃譯師之言，蓋若助辭耳，不必深考也。

講：佛將持經之功德，開示於弟子呼之曰，須菩提！汝意如何？假定有人充滿三千大千世界之七寶，以用布施，此人所獲之福德，能為多不多？

⊙六祖曰：此是如來問起，此意如何？布施供養身外之福；受持經典身內之福。身福即衣食；性福即智慧。雖有衣食，性中愚迷，即是前生布施供養，不持經典。今生聰明智慧，而貧窮無衣食者，即是前生持經聽法，不布施供養。外修福德即衣食；內修福德即智慧。錢財見世之寶。般若在心之珍。內外双修方為全德。此是讚歎持經功德，勝布施福也。

須菩提言：「甚多，世尊！何以故？是福德，即非福德性，是故如來說福德多。」

註•非福德性：大千世界七寶之布施其福德，雖然甚多。此是世間之事福也。於我性中智慧之福德，全無關係究竟無福德性也。

講：須菩提答曰：世尊！是人所獲之福德甚多，何以故？大千七寶，寶豐福勝故曰甚多。是福德者，事福也。即非福德性者，非般若福德種性。既非理福，不趨菩提也。是故如來說福德多者，於世間事福乃云多也。

◉六祖曰：三千大千世界七寶持用布施，得福雖多，於性一無利益。依摩訶般若波羅密多修行，令自性不墮諸有，是名福德性。心有能所，即非福德性。能所心滅，是名福德性。心依佛教，行同佛行，是名種德性。不依佛教，不能踐履佛行，即非福德性。

『若復有人於此經中，受持乃至四句偈等，為他人說，其福勝彼。』

註・復：再也。

・受：受之不忘於心也。

・持：持之不厭其久也。

・四句偈：闡明事理上末結晶之頌句。

・彼：指七寶布施，所獲之福德。

講：佛言：如再有人，於般若經中，隨便受持或一卷、半卷，或一章、半章，甚至最少以四句偈等，直下承受其理，又拳拳持受於心，而不失，更為他人解說其義，則自利利他，如此所獲之福，勝於七寶布施者多矣。

◉唐玄宗皇帝云：三千大千七寶雖多，用盡還生滅。四句經文雖少，悟之直至菩提。

何以故？須菩提！一切諸佛及諸佛阿耨多羅三藐三菩提法，皆從此經出。須菩提！所謂佛法者，即非佛法。

註・非佛法：無為法也，妙行無住之意。

講：佛言：人能受持是經，為他人解說其義，其福勝彼者，何以故？是經所說之義，皆是成佛作祖之旨，啓發人之正知正見，健全人之德行，引導他之智慧向上及解脫，成佛，故云皆從此經出。

佛又說：但是般若並非佛法也，法本無為，何有佛法也。假此以開悟衆生使其言下見性，標其名為佛法而已，故曰非佛法也。

◉疏鈔云：經云，三世諸佛及無上菩提，一切妙法，皆從此經出。即明持經果滿顯前義也。

又經云：三世諸佛依般若波羅密多故，得阿耨菩提亦同此義。又忠國師云：茲經喻如大地，何物不從地之所生。諸佛唯指一心，何法不從心之所立，故云皆從此經出。

◉王日休曰：阿耨多羅三藐三菩提謂真性也。一切諸佛阿耨多羅三藐三菩提法者，謂諸佛求真性之法也。何以故者，佛自問何故於此經受持講說。所得福德，勝於彼三千大千世界七寶布施也。乃自答云，一切諸佛求真性之法，皆從此經出，則此經之功為極大，而具無窮矣。

一相無相分第九

分解：前分述佛法不可執著，本分又言佛果也不可着相，卽是一相無相，只此一相本自無形也。昔日佛說四諦法時，因弟子之根機有利鈍，佛不得已，權設方便，引提迷人暫說「必有法可得，依法而修，必有果可得」此皆意言分別，隨言生解，皆落在能知所知之四相中。殊不知般若之實相，非一相、非異相、非有相、非無相、非非無相、非非有相、非非一相，非非異相，非有俱無相，非一異俱相。離一切相卽一切法，凡所有相皆是虛妄，如能徹悟諸相非相，卽不執著相也。

概論：本分是住心無住之理，與前分所謂佛法者卽非佛法法同理也。須菩提斯時已證小乘之果，佛以須菩提所證之果來說與衆弟子領悟。須菩大乘法是積極修行之法，是利己利他，自度度他，行無為法之菩薩道，具同體大慈大悲也。

小乘法是消極修行之法，在為自己之了生死。佛陀講經說法之時，印度是國富民安，民衆多圖安逸，因此佛陀說法，亦不能不順人情，以借小乘法說教也。

所以假須菩提小乘之悟，使衆弟子領悟，四果中皆有「無」字（無所入，無往來，無不來，無有法）乃無為之法。

佛說之四果者，皆是修行人之體悟體證之深淺也。三乘根性，所悟所證隨異，此四果次第修行則可到無上菩提。若有念有得之心，即著四，相豈可以自足而不復求上進矣。佛恐四果弟子不知以無念為宗，故有設此問四也。

然佛說之四果有等次：

第一、不入色聲香味觸法，是欲當避果之初生也。

第二、一往來，是不再蹈欲境，即果之成就也。

第三、不來，是離去欲境，即果之成就也。

第四、離欲，是脫然除欲，即果之已收也。

『須菩提！於意云何？須陀洹能作是念：我得須陀洹果不？』須菩提言：「不也，世尊！何以故？須陀洹名

為入流而無所入，不入色、聲、香、味、觸、法，是名須陀洹。」

註•須陀洹：是梵語，譯為入流，六根不入塵，而能入於聖流也。又因初，預進聖人之流，譯為預流，其所無入相者，能卻六塵也，是為初果。

無所入：須陀洹已證入流之果，名為入流。且心無所得，故曰無所入，其所以無所入者，不入六塵境界，名須陀洹。

•我：指修行人而言，非釋迦佛自謂也。

講：佛問須菩提曰：「你意如何？須陀洹當修行初之念頭，自謂我必要造到此地位，如樹之結果相似有所得之心否？」須菩提答曰：「不然！世尊！不可有得初果之心，因為須陀洹悟心無所得無所入之智，不起欲念，不染着六塵境界，初入聖人之流，是權設名為入流。

『須菩提！於意云何？斯陀含能作是念：我得斯陀含果不？』須菩提言：「不也，世尊！何以故？斯陀含名一

往來而實無往來，是名斯陀含。」

註・斯陀含：是梵語，譯為一往來，按小乘法，所謂欲界思惑，分九品，須分七次破，就是必須七返生死方能破之。所謂一返生死者，就是生到天上，天報已盡，即轉生人間，受盡人間福報，又生到天上，如此六返生死，算破了六品思惑，餘三品思惑心未盡，尚須一返生死破之。就是再要一生天上，一來人間受生斷此餘惑是為二果也。

講：佛又問：「須菩提！你意如何？斯陀含修行之時，動念頭自謂，我得斯陀含果否？」須菩提答曰：「不然」，世尊！不可以有得二果之念頭，是因斯陀含之心已到至靜之地。但所觀之諸境，其心尚有一生滅是名為一往來，實則無第二之生滅，謂之前念方著，後念即覺，心不執生滅之相，所以無往來，是權設名為斯陀含也。

『須菩提！於意云何？阿那含能作是念：我得阿那含果不？』須菩提言：「不也，世尊！何以故？阿那含名為不來而實無不來，是故名阿那含。」

註・阿那含：是梵語，譯為不來，就是已斷盡思惑，從此寄住四禪，生淨居天，更不要到欲界受生，是為三界名出欲。

講：佛又問：「須菩提！你意如何？阿那含修行之時，動念頭，我得阿那含果否？阿那含，心空無我，已斷盡塵識思惑，內心不動外境無染，名為不來，六塵四相，俱證空。而無不來之相。權設名為阿那含也。

『須菩提！於意云何？阿羅漢能作是念：我得阿羅漢道不？』須菩提言：「不也，世尊！何以故？實無有法，名阿羅漢。世尊！若阿羅漢作是念：我得阿羅漢道；即為著我、人、衆生、壽者。世尊！佛說我得無諍三昧人中最為第一，是第一離欲阿羅漢。世尊！我不作是念：我是離欲阿羅漢。世尊！我若作是念：我得阿羅漢道；世尊則不說須菩提是樂阿蘭那行者。以須菩提實無所行，而名須菩提是樂阿蘭那行。」

註：阿羅漢：是梵語，譯為無生，就是不生不滅，已超出六道輪迴不受生死之累，應受人天供養是為四果。

●無諍：無競爭之心，一念不生，諸法無諍也。

●樂：喜好也。

●阿蘭那行：是梵語，譯為無諍，又譯為寂靜，就是無人我行也。

實無所行：須菩提甚好寂靜無人我行，窮其本，性空寂靜，畢竟實無所行也。

附言：佛法，原來大別為顯教及密教兩種。

◉A 顯教：又分小乘、大乘兩種。

小乘：再分俱舍宗與成實宗兩種。

大乘：再分三論宗、法相宗、天台宗、華嚴宗、律宗、禪宗、淨土宗七種。

◉B 密教：再分金剛部與胎藏部兩種。

小乘之俱舍宗：立聲聞、緣覺、菩薩，三乘之因位果位。

聲聞乘：要在修四諦法。速者三生，遲者六十劫，方能得果。其修行之方便有七，得果有四，詳表如左：

- 聲聞乘
  - 因位——七方便
    - 三賢
      - 五停心觀
        - 不淨觀
        - 慈悲觀
        - 因緣觀
        - 界分別觀
        - 數息觀
      - 別相念處
      - 總相念處
    - 四善根
      - 煖位
      - 頂位
      - 忍位
      - 世第一法
  - 果位——四果
    - 須陀洹果
    - 斯陀含果
    - 阿那含果
    - 阿羅漢果

五停心觀：小乘三賢之第一，修五種之觀法，而五種之觀法而五種之過失停心也。是為聲聞乘入道之初。

㈠不淨觀：觀境界不淨之相，停止貪欲之法。貪着心多的人修之。

㈡慈悲觀：向一切有情，觀可憐之相，而停止瞋恚之法。瞋恚多之人修之。

㈢因緣觀：觀十二因緣，三世相續之理，而停止愚痴之法。愚痴多之人修之。

㈣界分別觀：向諸法而分別六界或十八界，停止五見之法。我見多之人修之。

㈤數息觀：計呼吸數以停止散亂心之法。散心多之人修之。

別相念處——分修四念。㈠觀身不淨。㈡觀受是苦。㈢觀心無常。㈣觀法無我。

總相念處——總修四念處，恒念此身，不淨，是苦，無常，無我。

煖——能於真空，發相似之解，伏煩惱惑，得佛法氣分，如同鑽木取火，先得煖氣，而煖位。

頂——再進而相似之解增勝，定觀分明，在於煖位之上，如登山頂，觀望四方，悉皆明了，曰頂位。

忍　——再進而明四諦之法，即可決定，堪忍樂欲，曰忍位。

世第一法——再進而修四諦之行，漸見法性，雖未得聖道，而於世間稱為第一，曰世第一法。

須陀洹果——世第一法之後，無漏智生，斷盡三界見惑，曰須陀洹果，又曰預流果，是初果。

斯陀含果——從此斷欲界思惑之少分，尚往來於欲界者，曰斯陀含果，又曰一來果，是二果。

阿那含果——斷盡欲界思惑，而不再生欲界者，曰阿那含果，又曰不來果，是三果。

阿羅漢果——若全斷三界思惑，超出三界者，曰阿羅漢果，是四果。

五停心觀，別相念處，總相念處，謂之三賢。煖位，頂位，忍位，世第一法，謂之四善根。綜三賢與四善根，謂之七方便，就是聲聞乘的因位。須陀洹、斯陀含、阿那含、阿羅漢，是聲聞乘的果位。見惑思惑，同屬煩惱。若區別之，凡於意識，起諸分別，迷於真理，而起的我見邪見等，謂之見惑。五識對五塵境五識（眼識、耳識、鼻識、舌識、身識，對於五境，有、見、聞、嗅、味、觸之作用），迷於事相而起的貪愛等，曰思惑，欲出三界，而入涅槃，，必須斷思惑，不可不明辨之。無漏智者，乃悟二智中真理（有漏無漏）之一，離一切煩惱之過非，清淨無垢之智慧也。

講：佛又問：「須菩提！你意如何？阿羅漢修行之時，動念頭，自謂：我得阿羅漢果否？」須菩提答曰：「不然，世尊！不可以有得第四果之心。是因阿羅漢，性空無體，實無法可得。設若阿羅漢作有得道之念，是有所得之心猶未除，此是著我、人衆生、壽者四相，卽不是阿羅漢果也」。須菩提曰：「世尊！佛曾說：我須菩提，能解空，彼我俱忘，得無諍，定能不惱衆生，亦能令衆生不起煩惱。得此之正見，於諸弟子中，許我為解空第一，必定是我脫盡人欲，斷絕此念，方許我為離欲阿羅漢也」。須菩提又曰：「世尊！我雖蒙佛稱讚如此！我實無有得，阿羅漢果之心念」。我心若有得阿羅漢果之念頭，便是生妄念，何以可言，六欲頓空。世尊定不說，我須菩提是好於寂靜之行者，因為我須菩提，心原無所得，亦無所行一塵不染，佛權設名為我是好寂靜之行者。」

莊嚴淨土分第十

分解：莊嚴淨土者，淨明心地成就之莊嚴也。卽是非相法身，無相真如，無形質可取，無色相可觀之真如莊嚴也。並非凡夫目中所見色相之莊嚴，如修廟一般，以為金碧輝煌之莊嚴，此是外觀莊嚴也。

上分四果無可得，若是有所得皆是住相，凡夫之所疑必以為四果，既無所得，何有四果之名稱，如此是凡夫住相之病，要知聖賢之名稱，皆以安分立名，全是假行為顯真如即是無為妙法，以般若處處破執，處處破相，惟恐凡夫迷著有為法也。

概論：昔日五祖為六祖說金剛經，恰至「應無所住而生其心」，六祖言下大悟。然金剛經無所住為旨，佛恐諸弟子未除所得之心，動則住於有法，即不能生清淨心。所以引從前佛在然燈佛所，佛自謂成佛，實無法可得，以證明前分四果之無所得，夫無相之理，乃我本有之真如，其成佛皆由我心之自悟自修而得，佛在然燈佛所受本師開導而已。

佛又問：菩薩莊嚴佛土否？就是要表明，莊嚴非莊嚴。夫佛土者，佛之妙性，衆生之真如，即是菩提心，此心時常空寂，無諸妄念，不生不滅，即是清淨心，以是為性無相，體等虛空，如何莊嚴，何名莊嚴。凡夫之心，無明起滅，妄想顛倒，取捨善惡，凡聖等見，是名濁亂心也，不應住色生心者，心若清淨，即不被諸境惑亂，衆生之心，本無所住，因境來觸，遂生其心，不知觸境皆是妄，將謂世法是實，便於境上住心，正猶猿猴捉月，病眼看花，一切萬法，皆從心生，若悟真性，卽無有所住，是行諸佛道，便是應無所住而生其心，正是清淨之法身，阿耨多羅三藐三菩提也。有所住心，卽是妄心，六塵競起，譬如浮雲往來不定。

世尊又以真心悟人，記大身以為問，而須菩提深悟佛意，遂有「甚大」之對，恐大衆未解，為之辯論曰：佛說非身，是名大身，非身者，法身也。

● 文殊菩薩問：世尊！何名大身，世尊曰：非身是名大身，具一切戒定慧，了清淨法，故名大身，蓋亦指真心（真如）言之大也。如此則真心，可以吞須彌山也。

● 川禪師曰：設有向甚處著，頌曰：擬把須彌作幻軀，饒君膽大更心麤，目前指出千般有，我道其中一也無。

● 傅大士頌曰：有形終不大，無相始為真。

佛告須菩提：『於意云何？如來昔在然燈佛所，於法有所得不？』「不也，世尊！如來在然燈佛所，於法實無所得。」

註・如來：佛自謂也。

・然燈佛即是定光佛也。因初生時，身邊有光，如燈故名定光為釋迦牟尼佛授記之師也。

講：佛告：須菩提！你意如何？須菩提答其意曰：弗也，世尊！佛雖在然燈佛所聽法，只受本師開導而已，乃自悟自修，法本無有，何曾有法可得，以是得之於心傳也。

・寒山詩曰：常聞釋迦佛，先受然燈記，然燈與釋迦，祇論前後智，前後體非殊，異中無一異，一佛一切佛，心是如來地。

『須菩提！於意云何？菩薩莊嚴佛土不？』「不也，世尊！何以故？莊嚴佛土者，即非莊嚴，是名莊嚴。」

註・佛土：佛之妙性也。衆生之真心（真如）如是心土。

・維摩經云：隨其心淨，則佛土淨，蓋此心清淨，便是莊嚴佛土，奚以外飾為哉。七寶宮殿，五采棟宇，皆外飾也。此凡夫之所謂莊嚴，非菩薩之謂莊嚴。欲知菩薩之莊嚴，是乃所以名其為莊嚴也。

・李文會曰：莊嚴佛土者，謂造寺，寫經．布施，供養，此是著相莊嚴，若人心常清淨，不向外求，任運隨緣，一無所得，行住坐臥，與德相應，是名莊嚴佛土。

講：世間所謂莊嚴者，造寺，作塔，行種種善事，是有形相之莊嚴也。佛恐弟子認識，再向須菩提！你意如何？菩薩莊嚴佛土否？須菩提答曰：非莊嚴，何以故？佛所謂之莊嚴者，非外貌有形相之莊嚴，必其心土明潔，如太虛中，纖毫不染着，寂然不動，其心清淨，此所以名爲莊嚴也。

『是故，須菩提！諸菩薩摩訶薩，應如是生淸淨心，不應住色生心，不應住聲、香、味、觸、法生心，應無所住而生其心！』

註・應：當也。

・淸淨心：真如無染之心也。凡住六塵而生其心者，皆非淸淨心也。

・無所住：不住着在一處凝滯不化也。蓋此心，一毫不染，神明莫測，變化無窮，寂然不動是清淨心也。

不清淨：便着六塵，於逸莫檢，逐境遷移，而生其心，皆虛妄也。總而言之，境觀得空，心無所起。我觀得空，心無所執。

講：須菩提！所以諸菩薩摩訶薩，當然泰宇之中，湛然常虛，無一毫染濁，靈台之內，寂然常定，無一絲擾亂，當如是生清淨心也。不當住在色聲香味觸法生心，若為六塵所縛，時心妄念旋起，鮮能清淨矣。當知此清淨心，即是佛心，本來佛心清淨無相，寧有所住，故云應無所住而生其心也。譬如明鏡，物來鏡前悉照，物去即空，所以無所住，如此者充分之清淨也。

•楞嚴經曰：三界無安，猶如火宅，衆苦充滿，甚可怖畏，諸苦所因，貪欲為本，「若能轉物，即同如來」。凡夫被物轉，菩薩能轉物，如是轉者；故曰應無所住而生其心。

•六祖聞五祖說金剛經恰至「應無所住而生其心」，言下大悟一切萬法不離自性，遂啓祖曰：何期自性本自清淨，何期自性本不生滅，何期自性本自具足，何期自性本無搖動，何期自性能生萬法。

•五祖曰：不識本心學法無益，若言下識自本心，見自本性，即名丈夫，天人師佛。

『須菩提！譬如有人，身如須彌山王，於意云何？是身爲大不？』須菩提言：「甚大，世尊！何以故？佛說非身，是名大身。」

註・須彌山王：是形容其高大也。此山高廣三百三十六萬里，為衆山之王，假此來譬如人身之大，假設其詞，如七寶滿三千大千之類。

・佛說非身：第五分身相非身相同意。是法身也，真如也，真性如來也，乃清淨之本心，包含太虛，寂然不動也。

・大身：人之色身不大，真如纔可言大，是言真如之大也。

講：佛又曰：須菩提！譬如有人，身如須彌山王之大，可以言大否？須菩提答曰：世尊！甚大。這個緣故，因為此身雖大可是有生有滅，終受輪迴，不能叫做大身。故佛說非身者，是法身，是真如，包含太虛，周藏法界，無相無住，頓入圓明，豈須彌山可能比量哉，是名為大身者也。

無為福勝分第十一

分解：佛重顯無為福，勝有為福，故題號無為福勝，以設此分也。凡有為法之財施，所得福報有盡，是因一切有為法，如夢幻泡影，如露亦如電之故也。若以無為法之法施，所得福報，無量無邊，無為有為，是對待法，無為不離開行為，離開行為，而無為不顯，真無為，卽是行為不住，是名妙行，無為法之真義也。

佛言：財施有盡，法施無窮，財施不出欲界，法施能出三界，此法施之福德勝於彼無量無數，不足疑也。

概論：佛以福慧相較之說法，由較量福德，漸次說到破相之處，如此正是佛之循循善誘弟子等之苦心。本經第八分所說之布施，用充滿三千大千世界七寶來比喻。今在本分所說之財施把恆河中所有之沙，一粒沙當作一世界，滿爾所謂三千大千世界之七寶布施來比喻。這個布施，比第八分之布施，多有幾萬萬倍。須知數量多寡，結局是妄心之分別。凡所有相，皆是虛妄，若不能徹悟，萬有之真相，只執數相豈不是偏計所執哉！所以佛再言：須菩提！善男信女於此經中，能持守之義理，乃至四句偈等為他人說，則已不為惡業所縛，又可以悟明自己之真性。他人聞得其真理，必能漸悟出其真性，如此至久善根皆熟，自然脫離輪迴，永能超生脫死。其福勝於彼恒河沙數大千世界七寶之布施也。

●顏丙曰：將七寶滿世界布施，得福雖多，屬在有漏，是有窮盡，不如於此經中受持其義，更能展轉教人，皆得入佛知見，此福德歷刼長存，故勝前著相福德。

●昔有一士，心願修福時常布施，以後誦讀金剛經，自斷曰：經中所說「若善男子，善女人，於此經中，乃至受持四句偈等，為他人說，而此福德，勝前福德」云云，他以為修福，既如此容易，只要全持四句偈等已足，何必布施，從此以後，一文也不肯捨。此也是執著，未徹真理，實是曲解也。

『須菩提！如恒河中所有沙數，如是沙等恒河，於意云何？是諸恒河沙寧爲多不？』須菩提言『甚多，世尊！但諸恒河尚多無數，何況其沙？』

註：恆河：印度國内之大河，印度語為殆伽，源出於喜馬拉雅山脈南麓，東南流入孟加拉灣，全長一六〇哩。佛多在此處説法，故取以為喻，恆河之沙，細如麵粉，河甚長大之故，其沙不在然甚多多矣。

•如是沙等恆河：如是沙者，恆河中之沙數，每一粒等於一條恆河之意。形容甚多甚多之比喻。

講：佛為較量福德之多寡為張本，以恆河來比喻，問須菩提，如恒河中所有之沙數，每一粒作為一條恆河，是諸河中，所有之沙，合共其數多否？須菩提答曰：甚多，但諸恆河很多而無數，何況河之沙數，真不可計算也。

『須菩提！我今實言告汝：若有善男子、善女人，以七寶滿爾所恆河沙數三千大千世界，以用布施，得福多不？』須菩提言：『甚多，世尊！』佛告須菩提：『若善男子、善女人，於此經中乃至受持四句偈等，為他人說，而此福德勝前福德。

講：佛又問須菩提，我今實在對汝說：若有善男信女，恆河中之沙以一粒沙當作一個世界，用充滿爾所謂恆河沙數之三千大千世界七寶布施與人，所得之福德是謂多否？須菩提答曰：甚多，世尊！佛告：須菩提！若善男信女於此經中，乃至四句偈等，信受之於心，貫徹之經中妙義而毫無所疑，堅持之於心，存其精蘊，而毫無所失必見自已之真如矣。又能以此妙義為人解說，使人聽聞之下，心地開朗，明了自性，可以脫離輪迴，永超生死，即是自利而後利他，自他俱全如此之福，即無為之福也。所獲之利益，豈是前七寶之布施可能比哉！

•華嚴經云：譬如暗中寶，無燈不可見，佛法無人說，雖慧不能了，是則解說之功，又熟有大於此者。

（比喻菩提妙道，非佛法不可至，佛非參悟不明也。）

•智者禪師頌曰：恆河數甚多，沙數更難量，舉沙齊七寶，能持布施漿，有相皆為幻，徒言智慧強，若論四句偈，此福未為長。

尊重正教分第十二

分解：受持正教之人，天人皆生敬重，教者釋迦牟尼佛之教法也。

佛住世八十年，說法四十九年，分五時說教，初時說華嚴大乘，二時說小乘四諦法，三時說楞嚴，四時說般若，五時說法華。今云正教者，卽說般若時之正教也。尊重正教者，卽云諸佛菩薩，皆從此經出。說者聽者，皆須十分尊重般若妙法，所謂無上甚深微妙法，百千萬刼難遭遇也。

概論：本分，是因為前分說性功之福德，勝於著相之福德。現在更進一步，表明物質布施之福德，不如持經之福德，並注重在推極，持經之尊重。所以第一段表明，隨說是經之尊重，因為說經之處，卽有如來全身舍利。如同佛在塔廟一般，而天道、人道、阿修羅，皆來敬仰供養，還有天龍八部（亦名龍神八部）凡購經時卽來守護佛法。第二段表明，受持讀誦此經之尊重，因為無上菩提之法，皆從此經出，倘人盡能受持，讀誦此經，卽生清淨心，心一清淨，卽無相無住，實為成就於無上第一希有之法，如此之人其心中，凡經典所在之處，卽有佛在，則有弟子持經之處，佛法僧三寶在焉，均應尊重之緣故，也是在此也。

「復次，須菩提！隨說是經乃至四句偈等，當知此處，

「一切世間，天、人、阿修羅，皆應供養如佛塔廟」

註：隨：隨其所在之處也。
．天：諸天也。
．人：世間之人也。
．阿修羅：非天非人好戰鬪，鬼神之一種，大概如人耳，唯瞋恨心甚重，故託生如此。

講：佛再謂須菩提，若或有人隨其所在，便能演說本經，乃至四句偈等之妙義，又常行無所得心，即此身（說經者）如佛真舍利在此，令諸聽者，除迷妄心，生清淨心，悟得本來佛性，常行真實，則其功德之威力甚大，感動天地，故其處，即成塔廟，而一切人及諸天與阿修羅等，皆來供養，演說經者矣。

「何況有人盡能受持、讀誦。須菩提！當知是人，成就最上第一希有之法。若是經典所在之處，即爲有佛，若尊重弟子。」

註

•讀誦：對文曰讀，背文曰誦。讀誦就是口熟其文，心解其義。

•李文會曰：成就者，見性無疑也（成就於無上菩提之法，無可疑之處）最上第一希有之法者，佛與衆生本無差別，不生不滅，無諸妄念，便可立地成佛。（佛在己身，向外何處求。）

•僧若訥曰：經者，卽法寶也。卽爲有佛，卽佛寶也。若尊重弟子，卽僧寶也。經典所在之處，卽三寶共居也。

•王日休曰：尊重弟子者，謂弟子可尊可重也。

講：何況有人，盡能於此經，受持而體驗於心，讀誦而研窮其義，則此無相無住之理，以求悟性也。

佛再告：須菩提！如此之人，卽能成就無上菩提之法，真是最上第一，無有可比之法，蓋所在之處，常修佛行，卽此心是佛，不從外得，經在是，則佛在是，而弟子之所尊崇而敬重者，亦如佛法僧三寶同居焉，安得如不成就之也。

•果禪師曰：卽心是佛，更無別佛，卽佛是心，更無別心。如拳作掌，如水成波，波即是水，掌即是拳。

•無業禪師問馬祖云：如何是即心是佛？祖云：即汝不了底心是，更別無物也，迷即眾生，悟即是佛也。

如法受持分第十三

分解：法者真理也，本分所說是般若之真理，凡經律論三種俱是教法，如法受持者，即當如此之法，承受行持修行般若之妙理。先由多聞而解，由解而行，由行而證，法門有八萬四千，對治眾生八萬四千煩惱，因病施藥一般，對治法門也有種種不同也。

今言受持意思，是全指受持般若之妙法。前分所說，如理實現，不住之住，非法非非法，一相無相莊嚴淨土等，佛逐次顯出般若之妙理，言至理極，空生頓釋，領悟其義，遂向佛啓請經名並奉持之法，而設此分也。

概論：須菩提因聞前文，持說此經成就希有之法，經在佛在，如此尊重，所以須菩提當機請示經名並奉持方法。

佛告此經名為金剛般若波羅密，汝等所以當要奉持此經。因一切諸佛，及諸佛阿耨多羅三藐三菩提法，皆從此經出。如能至虔意誠奉持，即可悟無相無住之道理，可以生金堅剛利，以智慧力，照破諸法，無不是空，猶如金剛觸物即碎，如是受持必登諸佛之彼岸，此是最上第一希有之法。

佛恐弟子執著經名，忘却般若是自性之般若，因而破經名之著相，故曰般若波羅密，即非般若波羅密，不過安分假名立為般若波羅密而已。經名既不可執著，更有何法可說，清淨心中，本來無相，本經不過使人自明，自悟見性，本來亦無法也，既無法，何有經，無經何有說，可知凡有言說，皆是醫病之方也。

蓋未悟時須要言說，悟了言說皆非也。此分之大意，全在人受持上，然受法易，持法難，佛要顯法，以比喻種種，小如微塵，大如世界，妙而如佛之色身，皆是虛妄，假名而已，總而言之。萬有本體是寂靜，一切名詞皆假立。若人不知此真義，執於名相必轉迷。佛如此循循引說，無非令衆弟子破相顯自性真如，所以最後，以較量福慧，（此是第三次）顯經之功義，謂無論如恆河沙數之寶施求福，如恆河沙數之身命布施求福，此究竟是有為，如幻電夢矣。不如持經見性，演說度衆生，其福更為多也。

•傳心法要云：佛說一切法，為除一切心，若無一切心，何用一切法。

•李文會曰：佛說般若波羅密，實相般若之堅，觀照般若之利，截煩惱源，達涅槃岸，即非般若波羅密，既知法體元空，本無妄念，若無諸罣礙，何必持戒，忍辱，湛然清淨，自然逍遙，是名即非般若波羅密也。

•王日休曰：三千大千世界微塵，可謂極多矣，然見雨則為泥，遇火則為磚瓦，是無微塵之定體，所以為虛妄也，是故說為非微塵，謂非真實微塵也。但虛名為微塵而已，此謂極多極細者也。

若極大者則世界亦非真實，蓋劫數盡時則壞，是亦虛妄，非為真實，但名為世界而已。佛雖現色身而為三十二相，至涅槃時則皆無矣，不可以此得見真佛，故云不可以三十二相得見如來，此如來謂真性佛也，下文言如來說三十二相，彼如來，則謂色身佛耳，乃佛謂我說三十二相者，即是非相，謂非真實相也，但名為三十二相而已。

此分大意：謂細而微塵，大而世界，妙而佛之色身，皆為虛妄 但有名而已，唯真性為真實，是以自古及今，無變無壞，彼三者，則有變壞故也。

•太虛大師於武昌佛教會演講：

三十二相為佛正報，前既明所依之果報既空，能依正報亦無，凡夫不察，以三十二相為佛，執著馳求，失之遠矣！故藉問須菩提以釋之，佛問須菩提云：可以三十二相見如來否？須菩提言：三十二相為如來化導衆生之勝妙功能，若執為實，則是不了諸法實相，隨處徧訂，永遠不得見如來矣。何以故？蓋如來所說三十二相，卽是非相，卽是諸法之實相，不可思義，不可執取，強名之為三十二相耳。

爾時，須菩提白佛言：「世尊！當何名此經？我等云何奉持？」

佛告須菩提：『是經名爲金剛般若波羅蜜，以是名字，汝當奉持！所以者何？須菩提！佛說般若波羅蜜，卽非般若波羅蜜，是名般若波羅蜜。

分解：須菩提聞得成就最上之法，深有欽慕，故白佛言：請佛於此經安立其名，我等應如何受持奉行？佛答曰：是經名為金剛般若波羅密，乃無上菩提之妙心，無相無住，可直到諸佛之彼岸，此為最上希有之法，汝當奉行而持守也。其故惟何，然我所說，金剛般若波羅密，譯華語，此妙智慧到彼岸之意，真性中豈有此理哉，故云卽非般若到彼岸，謂實無，何名之有也，但虛名為到彼岸，以此接引衆生耳。佛恐人生斷滅見，不得已而強名金剛般若波羅密也。

•三昧經曰：心無心相，不取虛名，不依佛地，不住智慧，是般若波羅密真妙理也。

•傅大士曰：恐人生斷見，權且立虛名。（註•權：變通的辦法）。

『須菩提！於意云何？如來有所說法不？』

須菩提白佛言：「世尊！如來無所說。」

講：佛問：須菩提！汝意如何？如來有所說法否？須菩提向佛說：世尊！如來無所說。般若是自性自悟，蓋本心元淨，諸法本空，更有何法可說。二乘之人，執著人法是有，卽有所說，菩薩了悟人法皆，空卽無所說也。

•釋迦佛臨入涅槃，文殊請佛再轉法輪。

世尊咄云：吾住世四十九年，未嘗說著一字，汝請再轉法輪，是吾曾轉法輪耶？

佛偈曰：始從成道後，終至跋提河。於是二中間，未嘗說一字。

「須菩提！於意云何？三千大千世界所有微塵，是爲多不？」須菩提言：「甚多，世尊！」『須菩提！諸微塵，如來說非微塵，是名微塵。如來說世界，非世界，是名世界。

講・佛說：須菩提！汝意如何？三千大千世界，本為微塵所積集，今以此等世界碎為微塵，是為多否？須菩提答曰：甚多，世尊！佛恐其着相，佛復曉之曰：須菩提！諸微塵不是真相，皆虛妄之相，如來說微塵，非微塵，強名微塵而已。微塵是虛妄無所有，微塵所積集之世界，當然亦空，故如來說世界，非世界，強名為世界也。

・圓覺經云：幻心滅，幻塵滅。

・顏丙曰：世界、微塵，二者皆非真實。經云：一切山崖，會有崩裂，一切江河，會有枯竭，唯有法身，常住不滅。

•世尊答文殊曰：在世離世，在塵離塵，是為究竟法，此言非微塵非世界，即離塵離世也。

•古大德云：一念不生全體現，六根纔動被雲遮。

•傅大士曰：積塵成世界，折界作微塵，界喻人天果，塵為有漏因，塵因因不實，界果果非真，果因知是幻，逍遙自在人。

『須菩提！於意云何？可以三十二相見如來不？』「不也，世尊！不可以三十二相得見如來。何以故？如來說三十二相，即是非相，是名三十二相」

註•三十二相：釋佛具容貌相好十二種。身體相好十種。手足相好十種。以三十二種淨行，修成三十二相好，此三十二相，都是應身相，應相可見，法相則不可見。

講：佛說：須菩提！汝意如何？可以三十二相表示真佛否？須菩提答曰：不可，世尊！佛說三十二相是具有之色身。所以不可以色身當為真佛。何以故？因佛雖有現在之色身，若圓寂之時，色身盡滅，不能長久也。

佛說：三十二相不是真實之相，是假因托緣淨行修持而得三十二相，卽相非相，強名三十二相也。

•華嚴經曰：諸佛法身，不思議，無色無形，無影像，名三十二相亦以是耳，豈他求哉？故如來有是名之說。

•楞嚴經曰：謂其非是欲愛所生，則是從三十二行上得之，世人徒著三十二相而不修三十二行，將馬自而得見法身如來？

•李文會曰：三十二相，謂於眼耳鼻舌身五根中具修六波羅密，六波羅密卽謂布施、持戒、忍辱、精進、禪定、智慧，是也。於意根中修無住無爲，是三十二相清淨行也。如來說三十二相，卽是非相，是名三十二相者，此謂法身有名無相，故云非相，既悟非相，卽見如來。

•逍遙翁曰：須知諸佛法身，本性無身，而以相好，莊嚴爲身，故臨濟云：真佛無形，真道無體，真法無相也。

『須菩提！若有善男子、善女人，以恒河沙等身命布施

；若復有人，於此經中乃至受持四句偈等，爲他人說，其福甚多！」

講：佛說：須菩提！若有善男信女，捨自己身命，如同恒河沙數，行於布施求福。若再有人，於此經中，乃至四句偈等，演與他人聽，其持經自度度他，自利利他，見性之福，較彼捨身之福，更為甚多矣。

附註•般若經云：

如來足下有平滿相。是為第一。

如來足下千輻輪文，無不圓滿。是為第二。

如來手足竝皆柔軟如兜羅綿。是為第三。

如來兩足，一一指間，猶如雁王，文同綺畫是。為第四。

如來手足，諸指圓滿，纖長可愛。是為第五。

如來足跟，廣長圓滿，與趺相稱。是為第六。

如來足趺，修高光滿，與跟相稱。是為第七。

如來雙腨，漸次纖圓，如鹿王腨。是為第八。

如來雙臂，平立摩膝，如象王鼻。是為第九。

如來陰相藏密。是為第十。

如來毛孔，各一毛生，紺青宛轉。是為第十一。

如來髮毛，右旋宛轉。是為第十二。

如來身皮，細薄潤滑，垢水不住。是為第十三。

如來身皮，金色晃耀，諸寶莊嚴。是為第十四。

如來兩足、兩掌、中頸、雙肩，七處充滿。是為第十五。

如來肩項，圓滿殊妙。是為第十六。

如來腨腋，悉皆充實。是為第十七。

如來容儀，洪滿端直。是為第十八。

如來身相，修廣端嚴。是為第十九。

如來體相，量等圓滿。是為第二十。

如來頷臆，並身上半威容廣大，如獅子王。是為第二十一。

如來常光，面各一尋。是為第二十二。

如來齒相，四十齊平，淨密根深，白逾珂雪。是為第二十三。

如來四牙，鮮白鋒利。是為第二十四。

如來常得，味中上味。是為第二十五。

如來舌相，薄淨廣長，能覆面輪，至耳髮際。是為第二十六。
如來梵音，詞韻和雅，隨衆多少，無不等聞。是為第二十七。
如來眼睫，猶若牛王，紺青齊整。是為第二十八。
如來眼睛，紺青鮮白，紅環。是為第二十九。
如來面輪，其猶滿月，眉相皎淨，如天帝弓。是為第三十。
如來眉間有白毫相，右軟如綿，白逾珂雪。是為第三十一。
如來頂上，烏瑟膩沙，高顯周圓，猶如天蓋。是為第三十二。

離相寂滅分第十四

分解：離相寂滅者，直下頓空，離諸形相，既離形相寂滅現前也。

離相者，離一切幻相也。世間一切相，皆是幻化之相，凡夫不知幻相，虛而不實，所以執著取捨，處處為虛妄相所惑。妄境時時薰妄心，真性為外塵相所遮蔽，以致終日為環境所轉，因即起惑而造業，造業定必受苦，長劫輪迴，無有休息。

若能離相，不為相所惑，則無執著取捨矣，既無執著取捨，塵相空矣！內心不出，外塵不入，則動靜不生，動靜不生則寂矣！

所謂寂滅者，初伏外塵，次盡內根，根塵双脱，先破人我，更進一層又破法我，能覺所覺之相亦離，再進一層，人空法空不生，空所空之相亦亡，生滅亦滅，真如本體顯前矣！

•圓覺經（釋佛偈言）

普賢汝當知，一切諸衆生，無始幻無明，皆從諸如來，圓覺心建立，猶如虛空華，依空而有相，空華若復滅，虛空本不動，幻從諸覺生，幻滅覺圓滿，覺心不動故，若彼諸菩薩，及末世衆生，常應遠離幻，諸幻悉皆離，如木中生火，木盡火還滅，覺則無漸次，方便亦如是。

概論：本分因須菩提自聞經以來，已達到深解之地步，了悟「若見諸相非相，卽見如來」之道理，感從衷出，以致涕淚悲泣而讚嘆！「希有世尊」在本經第二分亦讚嘆「希有世尊」是分之讚嘆，是讚嘆佛，日常之舉動坐臥云為之間，無非是指示般若之真心。本分之讚嘆，是讚嘆佛指示般若之妙用，如深入九重，但般若分開有數種，有文字之般若、觀照般若、實相般若等，本分聞說是經，深解義趣者，卽由觀照般若，深達實相般若也。

佛也是因為須菩提，已領悟有相，皆是虛妄之見，非相方能顯其真如之密義，所以勉勵，力行其修，力行不外六波羅密，其中以智慧最難得，因之先舉第一波羅密，意在修智慧，而後可行其餘五波羅密。復舉忍辱波羅密，因為忍辱最難修行，引證自己被歌利王分割身體之故事，以表明無我、人、壽者、衆生四相。並五百世來修其忍辱所得寂然不動，此正是正定，因為忍辱不到如此地步，終是妄相不滅。若忍辱未到如此地步，而其覺必有驚惶怖畏之心，便是信心不堅，所以又以本身，行忍辱無四相，以勉之。並點明菩薩欲成佛道，要離開一切相，方能成功，若心有纖毫之住，六根卽不淨，卽非菩薩之所住，應以所住而生其心方能證涅槃也。又以前各分，漸言福德，此分獨言功德，蓋功成果滿，福不足道矣！

● 圓覺經云：證得諸幻，滅影像故，爾時便得無方清淨，無邊虛空，覺所顯發。

● 太虛大師在北京講說：

後世衆生持此經及佛過去修此行而明此金剛智體。實相無相，非生因之所生，乃了因之所了，必信心清淨，不著於相，乃能生此非相之實相。來世衆生取著一切相，皆不能了解此義，故不能受持；真能受持者，必能離一切相；離一切相，卽得諸佛平等法身，故名諸佛。第一波羅密，卽般若波羅密，以相卽非相，故般若非般若。上就當來衆生言：下就佛過去修忍辱行而言，以顯離相之功用。若心所有住，卽非依所教而住，故應無住而住，無修而修。此法無實虛者，以本無所得故。

爾時，須菩提聞說是經，深解義趣，涕淚悲泣而白佛言：「希有世尊！佛說如是甚深經典，我從昔來所得慧眼，未曾得聞如是之經！」

註．深解：心中大徹大悟也。
．義趣：意義之旨趣也。
．慧眼：聖人一聞千悟，是聲聞之智慧眼也。

講：須菩提一聞佛言，心中便悟理趣，自傷得聞此經之遲，乃悲哭眼淚流下而白佛言：希有世尊！所說深奧金剛經，然我自昔已得慧眼，雖是一聞千悟，却是未曾聽得如此奧妙之經。
．李文會曰：聞經深解義，了悟人法二空，卽得中道之理，歎其希有感激涕淚也。未曾聽得此經，昔得慧眼有見空，今聞是經於空亦非空，是了中道，將欲起教以示未來也。

●傅大士曰：聞經深解義，心中喜且悲，昔除煩惱障，今能離所知，遍計於先了，圓成證此時，宿乘無礙慧，方便勸人持。

「世尊！若復有人得聞是經，信心清淨，即生實相，當知是人，成就第一希有功德。

註●信心清淨卽生實相：

●李文會曰：信心清淨者，信本來心，無法可得，不起妄念，心常空寂湛然清淨。卽生實相者，豁然了悟萬法，由此清淨建立，是名實相。成就第一希有功德者，迷卽衆生，悟卽是佛也。

講：須菩提言：我聞是經，已悟自性清淨，本來有此全真之實相真如。世尊！設若有人，得聞此經，一念發篤信之心，其心純是天真，毫無欲塵所累，便得清淨之妙智慧，生真實相之真如，當知此人卽成就諸佛，第一希有功德者也。

●傅大士頌曰：未有無心境，曾無無境心，境亡心自滅，心滅境無侵，經中稱實相，語妙理能深，證知唯有佛，小聖詎能任。

•圓覺經曰：一切實相，性清淨故。

•六祖云：從清淨體中，流出般若波羅密多。

又云：功德在法身中，非在於福，即此義也。

「世尊！是實相者，即是非相，是故如來說名實相。

講：須菩提又言：世尊！我所謂實相者，是真如般若之實理也，如太虛空，寂然清淨，未有形迹，則非相也。

譬如：天空說有相，鏡裏之人影，水裏之月，豈有實相，此是佛強名實相而已。

•顏炳曰：佛云實相無相，所謂實相者，即是非相，如太虛空，無一形相，若悟實相，不可執著實相。當如大士云：彼岸更求離，但說假名，實相本無可得。

•李文會曰：即是非相者，實相無相，故言為非，不是無實相也。

「世尊！我今得聞如是經典，信解受持，不足爲難。若當來世後五百歲，其有衆生得聞是經，信解受持，是人

則為第一希有！何以故？此人無我相、無人相、無衆生相、無壽者相。所以者何？我相即是非相，人相、衆生相、壽者相，即是非相。何以故？離一切諸相，即名諸佛。」

註・信解：心無所疑，了然領悟也。
受持：心既領悟，納而守之堅也。

・王日休曰：信解者，謂信其義而曉解也。
受持者，謂能受其義而持守也。

・陳雄曰：無狐疑心曰信，曉了義曰解；欽承不忽曰受，佩服不厭曰持。

講：須菩提又言：世尊！我現在聞得此經，以我從來所得之慧眼，自能信其言實，解其妙理，信奉修持，尚非難事，若將來後世年久，像法之際，聖教衰弊，衆生障重，聞是經，而能信解受持者，則實為難，若有衆生深信了解，領受行持，此人實是明了自性，如此之人，卽為第一希有也。何以故？此人已通達勝解此經，已了達人、我、衆生、壽者四相。所以者何？此四相，如幻非實，卽是非相離此一切諸相，其心寂然，卽造到覺地，與諸佛並駕齊驅，卽名諸佛者，卽是金剛般若也。

•李文會曰：卽是非相者，前言無相，卽是滅色以明空義。復言非相，卽是了悟我、人、衆生、壽者、四相，本來不生，故名實相離一切相，卽名諸佛者，此謂悟實相者，更無等次，當知是人不著二邊，不處中道，一切無住，卽名為佛。

佛告須菩提：『如是！如是！若復有人得聞是經，不驚、不怖、不畏，當知是人甚爲希有！』

註•如是：所言深合佛理，卽可之意也。

不驚怖：謂此人可能信解受持此經矣。

講：佛因須菩提之言，而卽印可之曰：汝言深契佛理，如是如是。後果有人，得聞般若妙法不驚而無疑心，不怖而無懼心，不畏而無退心，則怡然順理，其人豈不希有哉！

•李文會：不驚、不怖、不畏者，心若空寂湛然清淨，等於虛空，有何恐怖，甚為希有者，諸上根器，得聞是經，諦聽受持，永不退轉，當知是人，甚為希有！

『何以故？須菩提！如來說第一波羅蜜，卽非第一波羅

蜜，是名第一波羅蜜。

講：佛說此人為希有者何也？蓋我所說第一波羅密，乃真空無相，自性自悟，何曾有波羅密可名？不過安分強名第一波羅密，以開悟群迷而已。

•李文會曰：如來說第一波羅密者，若悟非相卽達彼岸，實相無二，故名第一，非第一波羅密者，了達人法俱空，卽無生死可度，亦無彼岸可到，何處更有第一，故云非第一也。是名第一波羅密者，悟一切法，卽知一切法皆是假名。

•法華經云：但以假名字，引導於衆生，於斯了悟，能入見性之門，是名第一波羅密。

『須菩提！忍辱波羅蜜，如來說非忍辱波羅蜜，是名忍辱波羅蜜。

講：佛告：須菩提！凡逢辱境，恬然處之，不起瞋恨，以亂我之般若，則心同太虛，卽造到覺地，此忍辱波羅密也。但真空本來無相，外不見其辱，內不見其可忍，渾然兩忘，此如來說非忍辱波羅密。

•王日休曰：佛呼須菩提而謂能忍辱，方不起嗔心，以昏亂真性，乃能到諸佛菩薩之彼岸，故云：忍辱波羅密也。佛雖有時自稱如來，自稱佛，然有時稱我，其稱我則特謂我身爾，若稱如來與佛，則已謂與諸佛如來皆然也，盡在一經皆是。此佛謂我與佛說忍辱波羅密真性中亦豈有此忍辱哉故亦非真實，但為虛名而已。故云：是名忍辱波羅密。

「何以故？須菩提！如我昔為歌利王割截身體，我於爾時，無我相、無人相、無衆生相、無壽者相。何以故？我於往昔節節支解時，若有我相、人相、衆生相、壽者相，應生嗔恨。須菩提！又念過去於五百世作忍辱仙人，於爾所世無我相、無人相、無衆生相、無壽者相。

註•昔：指前生而言。

•歌利王：是梵語，此云：無道極惡之君。

●忍辱仙人：釋迦佛在五百生前成仙之時候，其仙號為忍辱仙人。

●釋迦佛前生，被歌利王，分割身體之故事：

「有一日，歌利王帶衆妃宮女到山中去打獵，因疲倦憩息於山中，不覺中瞌睡。醒時一看衆宮女不在身邊，乃進山找尋，發見一座山洞，衆妃宮女俱集洞前聽僧人說法，歌利王大怒，指責僧人曰：

汝如何在此勾引婦女？

僧答曰：我實無慾。

王又詰曰：汝如何尚見色無慾乎？

僧曰：持戒耳！

王曰：何謂持戒？

僧曰：忍辱也。

王聽到忍辱，怒而拔刀向僧人砍去，問曰：汝痛否？

僧曰：實不痛。

王益怒將僧人身體節節分解再問：汝恨我否？

僧曰：既無我，何來怒恨。

在此時候，四天王震怒，一時狂風大作，飛砂走石，天龍八部齊來護法，僧人被分解之肢體，已完全如故。王大恐懼，長跪於僧人之前，哀求饒恕，僧人當即代求天赦，一時天清如初，王回心發願向善，僧人亦發願曰：若得成佛我當先度汝。」

歌利王即是後五百世，釋迦佛成道後，在鹿野苑說四聖諦之法，度五比丘中之一的憍陳如也。

講：「佛因說忍辱波羅密，以己身被歌利王節節支解故事列以為證。」

佛言我前生為歌利王割截身體之時，心如虛空清淨寂然不動，不起四相，如此節節支解，其辱甚極，因為何故不起嗔恚，是因忍辱。若斯時有四相，則嗔心定起，恨心不忘，若是如此，何言忍辱也。

須菩提，再念過去，五百生前，作忍辱仙人時，曾修忍辱之行，所以於住世，亦無有四相之累，歷刧頓悟真空，此是我之所修，實非一朝一夕之故也。以是忍辱波羅密是學道者之必要先學，以破嗔心，方能離開四相，四相皆空，得成忍行也。

• 四十二章經云：佛言：惡人聞善故來擾亂者，汝自禁息，當無嗔責，彼來惡者，而自惡之。

• 六祖曰：歌利王是梵語，此云無道極惡君也。世者生也。如來因中，五百生修行忍辱波羅密，以得四相不生。

•圜悟禪師曰：大凡為善智識，應當慈悲柔和，善順接物，以平等無諍自處，彼以惡聲色來加我，非理相干，訕謗毀辱，但退步自照，於己無嫌，一切勿與較量，亦不嗔恨，只與直下坐斷，如初不見聞，久之魔孽自消耳！若與之較，卽惡聲相反，豈有了期，又不表顯自己力量，與常流何異？切在力行之，自然無思不服，且夫見性之人，聞人毀謗，如飲甘露，心自清涼，不生煩惱，則能成就，定慧之力，不被六塵盜竊家寶，功德法財，遂從此增長也。

『是故，須菩提！菩薩應離一切相發阿耨多羅三藐三菩提心！不應住色生心，不應住聲、香、味、觸、法生心，應生無所住心！若心有住，卽爲非住，

註•非住：非菩薩之住處。

講：佛再告：須菩提！菩薩欲成道，當然其心要空，離開一切相之形迹，方可發出無上菩提之心，所以不應起著於色之念頭，不應起著於色聲香味觸法之念頭，當然無住而生其心，則其心圓通無礙，純真之無欲，卽不受一切相之繫縛，若心於六塵上有一住著，便落他所赦，不能脫灑其住心，此則非菩薩之住處。

•六祖曰：我此法門，無住為本。

•華嚴經云：一切境界，不生染著，淨身口意，住無礙滅一切障，世間受生皆由著我，若離此著，則無生處。

•涅槃經云：凡夫著色，乃至著識，以著識故則生貪染心故為色縛，乃至為識所繫縛，以繫縛故，則不得免生老病死憂悲大苦，一切煩惱。

•黃蘗禪師曰：供養十方諸佛，不如供養一個無心道人。何故為無心也？無心者，如如之體，內如木石不動不搖，外如虛空，不塞不礙，是名佛也。

『是故佛說菩薩心不應住色布施。須菩提！菩薩爲利益一切衆生故，應如是布施！

註•布施之義，非捨施於人也，何以言之，蓋此經乃談真空本性，頓教法門，字字當精切語，俱心上用功，非教人外面做因果事，而深造者，當自得之。此經中翻復而說俱管在「受持」、「演說」二意，若能受持、讀誦。而體行其義，則為布施之體，為人演說，而使人體行，則為布施之用。

•衆生之義，非卵胎濕化之類，是我心中之衆生（諸妄念）也。

•利益者之義，不為色、聲、香、味、觸、法所染，六根清淨，豈不是利益也。

•黃蘗曰：心要云：

過去心不可得，是過去捨。

現在心不可得，是現在捨。

未來心不可得，是未來捨。

講：佛再告：須菩提！菩薩之心，本虛而明，若住色而運用，此心不能覺悟，所以須要不住色布施，其心必然清淨，則正覺圓明，為性無相，體等虛空必利於己身之諸妄念心，使衆塵不隔，真智顯現矣！當以此廣布而設施之可也。

•四十二章經：佛言如人鍛鐵，去滓成器，器即精好，學道之人，去心垢染，行即清淨矣！

•六祖曰：菩薩不為求望自身五欲快樂而行布施，但為內破慳貪心，外利益一切衆生，而行布施。

註・傅大士頌曰：菩薩懷深智。何時不帶悲。投身憂虎餓。割肉恐鷹飢。精勤三大刼。曾無一念疲。如能同此行。皆得作天師。

註・投身憂虎餓：金光明經云：如來因地，薩埵王子時，一虎生七子，經七日無食，將欲死時王子見，遂捨身以飼此虎。

割肉恐鷹飢：殖伽經云：如來因地時，在山中修忍辱仙時，梵王帝釋遂化身，一化為鷹，一化為鴿，來試仙人，鷹追逐其鴿，鴿投仙人，仙人遂以衣藏其鴿，鷹切就仙人覓其鴿，仙人遂將自己身肉割一片以代鴿還鷹。

「如來說一切諸相，即是非相。又說一切衆生，即非衆生。」

講：佛言：如來所說一切諸相者，皆是假因託緣造成之形相乃是假合，一個幻體，無有獨存性，亦無自性，故曰當體卽空，一切皆是虛妄之相也。其實本體虛空無形無相，本來何有，故是非相也。又說一切衆生者，以心有四相，名為衆生，若能妄念自離見其本性，心如虛空，無有罣礙，寂然不動，卽無衆生可得，故非衆生也。

註•衆生：在指妄念心謂衆生。蓋人一身被五蘊，遮蔽其真性，故被境所轉發其種種之妄念作事也。

涅槃經云：見佛性者，不名衆生，不見佛性者，是名衆生。

•六祖曰：如來說我人等相，畢竟可破壞，非真實體也，一切衆生盡是假名，若離妄心，卽無衆生可得，故言卽非衆生。

『須菩提！如來是眞語者，實語者，如語者，不誑語者，不異語者。

講：佛恐弟子聞此經之言，便生疑心不信，卽不成就。乃開導之曰：我所說般若波羅密法，皆是無上菩提，可能了悟本性是真而不妄（真語者）實而不虛（實語者）如而合理（如語者）不欺人（不誑語者）不二說（不異語者）不過欲人，自性自悟，聖言豈有錯誤哉。

•謝靈運曰：真、不偽。實、無虛。如、必當理。不誑、則非妄語。不異、則始終恒一。聖言不謬，故宜修行也。

『須菩提！如來所得法，此法無實無虛。

講：「佛所說般若之法與世間之諸法不同，世間一切法是實法，固執法也，由心而生必有生滅焉」。

佛再說：須菩提！如來所以得此般若之法者，蓋緣滅度衆生，以悟真性，只是一個空，無所是空之心法，可以將此法為實耶，真體空寂，本無實也，以此法為虛耶，妙用無方亦無虛也，無實與無虛，則此法之體用備矣，真空之妙，以非與是哉。

•李文會曰：此法無實者，心體空寂，無相可得也。無虛者，內有河沙功德，用而不竭也，欲言其實，無形可觀，無相可得，欲言其虛，見能作用，是故不可言有，不可言無，有而不有，無而不無，言辭不及，其惟聖人乎，若不離相修行，無有達此法也。

『須菩提！若菩薩心住於法而行布施，如人入暗，則無所見；若菩薩心不住法而行布施，如人有目，日光明照，見種種色。

註•心住於法：心裏著在法塵也。

講：佛告須菩提，凡修行菩薩、當悟真空，不宜有所執著，以為運用也，假定心執著法塵而行布施，則四相未除，如人進入暗室之中，昏暗蔽塞，則一無所見也。

若菩薩心，不著於法，而行布施，則同打開金剛之眼，燃著般若之燈，性光四照，洞徹真空，可了一切之境，見種種之形色也。

•李文會曰：如人入暗，卽無所見者，衆生之心，本自無住，無住之心，卽見諸法實相，名爲菩薩。二乘人，心住於法，不見諸法實相，尚未完明法性之理故也，如人背明而入暗室，卽無有所見也，因二乘之人未得法眼，不辨真假，而菩薩已徹悟一切諸法但有假名，不住法而行布施菩薩有法眼，如人入暗，見種種色，悉皆無相也。

『須菩提！當來之世，若有善男子、善女人，能於此經受持，讀誦，則爲如來以佛智慧悉知是人、悉見是人，皆得成就無量無邊功德。

•李文會曰：當來之世者，卽是如來滅後，後五百歲濁惡之時也，卽爲如來以佛智慧者，若人心常精進讀誦是經，卽覺慧性漸開，應當了悟實相，人法二空，不被一切善惡凡聖諸境惑亂，卽同如來智慧性也。

悉知悉見是人成就功德者，三世諸佛無不知見、了悟之人，故能成就無量無邊功德。

講：佛再告：須菩提！如來我滅後之來世，若有善男信女，能將此經受持讀誦，直下頓悟，直到涅槃真空之玄妙，覺自性真如，如同佛之智慧，佛盡知盡見此人皆得成就，即有無限量，無邊際之見性功德。真如是周徧法界而無方，歷萬刼而常住，豈何有限量邊界哉。

持經功德分第十五

分解：前分所說忍辱捨身，皆是破我執，我執既破，更須悟徹般若之理，豈非徒然忍辱捨身也。

若誤解只為忍辱捨身，而不受持經典者，是一個識情之行為，於真性之福德全無相預也。

若能忍辱捨身，又能受持經典荷擔，悟徹二執之非，人我俱遣，則所得之法性功德，實不可思議矣。

概論：前分是持經成就功德，本分復用智慧較量法（此是第四次）用等於恒河沙數之身命布施，不及於聞此經典，信心不逆之福，換而言之，持經法施，勝於身命布施，意在顯明般若無住之功。並指點經為大乘，若住我人等見，即是樂小法者，則不聽受持讀誦為人解說其義也。若不能了悟「若見諸相非相即見如來」應無所住而生其心此是未深解般若之理，未徹般若之真體，何以可能度脫己身，度人更難：所以著四見，樂小法之人，是無能為人解說此經：復能推尊此經，審考般若之真體，勉勵眾生，不必徒事外貌供養，但須將佛說之正等正覺之法，荷擔任運行，以弘佛道，自度度他，其心必達至誠，無妄之境界，方能持經以供養己心，則顯本源自心是佛，何必向身外覓佛，如來即在自心耳。

『須菩提！若有善男子、善女人，初日分以恆河沙等身布施，中日分復以恆河沙等身布施，後日分亦以恆河沙等身布施，如是無量百千萬億劫以身布施；若復有人聞此經典，信心不逆，其福勝彼；何況書寫、受持、讀誦，為人解說！

註．初日分：早晨，即寅卯辰時。三點——九點

•中日分：中午，卽巳午未時。九點—三點

•後日分：晚間，卽申酉戌時。三點—九點

•信心不逆：信順於理，故云不逆也。

講：佛言：須菩提！譬如假定有善男信女，於一日之間，早晨以等於恒河沙數之身命布施，正午又以等於恒河沙數之身命布施，晚間也以等於恒河沙數之身命布施，如此一日三度，經過無量百千萬億刼之久，用身命布施，所得之福報，當然甚多，但是世間之禎福耳，若再有人聞此經之章句，能以信心，順於經理篤行，則其福勝彼身命布施。何況自書，寫其章句，而尋繹其言，受持讀誦，而解悟其理，與人解說其義，存心利己利人，不但自明本性，又要教人各各見性，善根純熟，其福又焉有限量哉。

•王日休曰：初日分，謂早晨。中日分，謂日午。後日分、謂晚間、蓋西土之言如此，佛生其中，而從其方言也。然於此經一起信心，得福尚多，於此一日三時，以恒河沙等身命布施，百千萬億刼量。無數者，以被雖受無量福報，乃世間福耳。受世間福者，乃染煩惱之因，又因以作惡也，聞此經典信心不逆，則自己種善根矣！善根已種，則日見增長，愈久而愈盛，此則為出世間福，故彼不可以比，而勝於彼無量無數也。且人一日三時，那有恒河沙等身命布施哉，蓋假喻耳，乃極言其不可以比也。

•李文會曰：信心不逆者，信順於理，故云不逆，法華經云：瞻仰尊顏，目不暫捨，心常精進，無有間斷也。受持讀誦者：行解相應謂之受。勇猛精進謂之持。心不散亂，謂之讀。見性不逆謂之誦。為他人解說者，謂已悟入能見自性方便，為人解說此經，令悟實相成無上道，此為法施。

無所住相，功德無有邊際，勝前百千萬億劫，以身布施，功德百千萬倍。

『須菩提！以要言之，是經有不可思議、不可稱量、無邊功德！

註•要言之：簡要言之。

•思議：以凡心考慮曰思，以淺言擬議曰之議。

講：佛言此經是諸經之王，若明此法門，即能見性成佛。

以簡要言之，則此般若真經之功德不可以凡心測度，亦不可以淺言擬議，又不可如器物用秤而度量之也，真功德廣大，如同佛心，無有邊際，不可稱量也。

●顏丙曰：每日三次以恒河沙，比身布施，沙者其多也，如是積至無量不可數刼布施，不如於此經典信心不逆。不逆乃順行也，其福尚能勝彼有為之福。何況更能發心書寫受持讀誦，為他人開解講說。佛以簡要言之，是經有不可思議稱量者，蓋諸佛讚嘆，不及此功德至大無有邊際也。

●六祖曰：不離自性是功，應用無染是德，功德在法身中。

『如來為發大乘者說，為發最上乘者說。』

註

●最上乘：大乘者、之上。

●六祖曰：法無三乘人心自有等差，見聞轉誦是小乘，悟法解義是中乘，依法修行是大乘，萬法盡通，萬法俱備，一切不染，離諸法相，一無所得名最上乘，乘是行義，不在口爭是也。

●小乘者：獨修自己，了生死，不度衆生者也。

發：明也，舉也。

講：佛言。此經為如何有如此之無邊功德，蓋大乘金剛經般若，為濟度眾生，佛之妙用，是最大乘菩薩之最上乘法也，豈小乘之所能堪任，故佛為啟發大乘人，闡此真空之妙，亦為啟發最上乘人而演此般若之法也。

．王日休曰：乘乃車乘之乘，大乘謂菩薩乘也，阿羅漢獨了生死，不度眾生，故云小乘，蓋如車乘之小也，唯能自載而已，緣覺之人，半為人，半為己，故為中乘，蓋如車乘之適中者，菩薩為大乘者，謂如車乘之大者，普能載度一切眾生也，此經欲普度一切眾生，故為發菩薩大乘者說也，發乃起發之發，發大乘，謂起發此—以濟度眾生也，最上乘者，謂佛乘也，佛又能兼菩薩而載度之，則在大乘之上，故為最上上乘，以此乘之上，不復有乘，故為最上也。

此經又為起發佛乘者說，謂佛之化度菩薩，亦以此經之理也。

李文會曰：為發大乘者說者，智慧廣大，能見自性，色空俱遣，不著二邊，二邊既無，即無中道可立，不染萬境，即是大乘菩薩所行之道也。為發最上乘者說者，不見垢穢可厭，不見清淨可求，無遣可遣，亦不言無遣，無住可住，亦不言無住。心量廣大，廓若太虛無有邊際，即是最上乘諸佛地位也。

•黃蘗禪師曰：如來現世，欲說一乘真法，則衆生不信與謗，沒於苦海。若都不說，則墮慳貪，不為衆生「普捨」妙道。遂設方便，說有三乘，乘有大小。得有深淺，皆非定法，故云唯有一乘道，餘二則非真也。

『若有人能受持、讀誦、廣爲人說，如來悉知是人，悉見是人，皆得成就不可量、不可稱、無有邊、不可思議功德。如是人等，即爲荷擔如來阿耨多羅三藐三菩提。

註•荷擔：背負為荷，在肩為擔。言無上菩提，至重難任，但是道由人宏，毅然以身承受擔任，任所以必能成就大功德矣。

講：佛言：此經既為大乘最上乘之人而說，若有大根機之人，受持讀誦以悟自性，復於廣為人闡發妙旨，此人卽成人兼成己之功用德行，唯有佛悉知悉見是人，皆得成就不可思議其功德，實無邊際，不可稱量也。如是人等有同佛之智慧，印契佛心，既成第一希有，則方能以身任此大道，將佛說之正等正覺之法，一一擔負，任持運行。

•馬祖云：汝等諸人，須信自心是佛，此心即是佛心。又云：心外無別佛，佛外無別心。

•華嚴經云：若不信自心是佛，無有是處。

『何以故？須菩提！若樂小法者，著我見、人見、眾生見、壽者見，即於此經不能聽受、讀誦、為人解說。

註•小法者：小乘法也，鈍根之人，意志下劣。如法華會上佛說法華經時，拂衣退位者約五千人，皆斯徒之退席是也。佛不說相，而說見者，心染其四相故墮於邪見也。

講：佛言：因為何故須菩提！喜而好於小乘法之人，局於見聞之小，難免有我，人等四相之私見，對於大乘最上乘法便起驚怖畏懼之心，因其心不得清淨，故自然不能聽受讀誦此經，為人解說其義，是人即是墮落邪見是也。

•圓覺經云：求大乘者不墮邪見是也。

•陳雄曰：小法者，小乘法也。法華經云：鈍根樂小法，言其志意下劣，不發大乘心者也，是人墮於邪見，不知所謂大乘最上乘法，盡在此經，且不聽誦，況能為人解說乎，著我人見墮邪見也。

・王日休曰：樂、去聲、好也。小法，謂外道法也，外道之法，正為著於有我人衆生壽者，故為種種之說如此，則於此經不相合矣，故不能聽受讀誦，為人解說也。

『須菩提！在在處處若有此經，一切世間天、人、阿修羅所應供養；當知此處即爲是塔，皆應恭敬作禮圍遶，以諸華香而散其處。

註・在在處處：言所在之處不一也。

講：佛言：須菩提！若在處或隨處荷擔佛法，演說此經能使聽者心開意解，善意感通，則天能八部、神、人、阿修羅俱來供養，護法保衛說經之人，當知此處便是一座舍利寶塔，遠近必來，敬仰頂禮，而五體投地散佈寶華妙香於持經之處，則供養可謂至矣。此經之重為荷如耶，此所謂一人辯心，諸天辯供也。

・傅大士曰：所作依他性，修成功德林終無趣寂意唯有濟群心，行悲悲廣大，用智智弘深，利他兼自利，小聖詎能任。

能淨業障分第十六

分解：業障者或是前業，或是現業皆能障蔽真心，若心能常清淨，業障盡氷消。前業即是宿世之業，宿世之業，不可以數計，因為無始以來所造之業，皆納入八識田中遇緣即發，果熟即生，六道轉迴無有休止，生滅不息皆被不可思議之業力所牽引也。衆生之業，無有體相，本屬虛妄，只因衆生不了，唯心所亂造虛妄之因，方受虛妄之苦，所謂了得業障本來空，未了須當還夙債也。

現業者，即此五濁惡世，是衆生公共所造還債台也。若有衆生受持讀誦此經，深知一切幻相皆是唯心所現，五蘊本空，六塵非有，不為物轉，而能轉物，則不受此虛妄之苦，雖然若了唯心必須深通般若，若能深入般若了悟諸法皆空，即一切虛空自能淨盡，故曰惟般若能淨業障也。

概論：上分言持經之功德，並尊重經之所在處，本分又顯明，持經功德，表明般若有離障出纏之益，不但滅罪，且得菩提之果分開而說有二不可思議。

一者、今世能持金剛經，先世之惡業，自能以消滅。二者、不但能消滅前世惡業，又能可得菩提之果。前者顯報不可思議：後者顯果不可思議。並引證釋佛自己未遇然燈佛以前，供養承事諸佛，雖有其功，不如受持讀誦此經之功德。譬如有萬億數塵沙之衆，皆不及也。（此是第五次持經功德與供養佛之功德無量）又申明兼為下乘說，所以不能不說果報，若將其詳而盡說，又恐衆生想慕大福，心卽狂亂反謗是經無相無住之道理，似信不信，致成狐疑，所以經義果報不可思議在此也。不過使衆生回心寂照假，法修持，自明己性，若以為經而思議，便隔一大膜，離道遠矣！

總之釋迦佛顯示此金剛經，為發菩提心之一條軌道，菩薩摩訶薩，應如此降伏其心，善男信女也應如此降伏其心，是決無有差別焉。

『復次、須菩提！若善男子、善女人，受持、讀誦此經，若為人輕賤，是人先世罪業應墮惡道，以今世人輕賤故，先世罪業即為消滅。當得阿耨多羅三藐三菩提。

註•輕賤：輕賤之事甚多。或行嫉妒，或生忌嫌，或懷恨而加誹謗，或倚勢而加欺辱，甚至刀、杖、瓦、石、拳脚相加，都是輕賤。

講：本段之主言，持經能消罪業，故佛再告須菩提：世間之善男信女受持、讀誦此金剛經，真可恭敬，實可欽佩其德，若反被人輕賤是因何緣？蓋此人必是在於前世，未曾聽此經以前，著於四相，被五蘊所蔽，住於六塵，斯時所獲之罪過惡業，理當墮落於地獄、餓鬼、畜生三惡中受苦，今以持經之功德，滅其罪業，只受被人輕賤，以此可能抵消其業障矣！然以後漸漸修持因除果現，罪滅福生，自然可得正等正覺矣：

•僧若曰：上明生善，今明滅惡，造作定業，不可逃避行般若故，易重為輕。大論云：先世重罪，應入地獄，以行般若故，現世輕受，譬如重囚應死，有勢力護則受鞭杖而已。

•李文會曰：此謂若人受持、讀誦此經，應合得人恭敬，今復有疾患、貧窮諸苦，反為人所憎惡。世人不達前業，將謂誦經為善是無應驗，遂生疑惑，殊不知若無持經力，應墮惡道，以今世人輕賤故折三途之報，速得無上菩提。

「須菩提！我念過去無量阿僧祇劫，於然燈佛前，得值八

百四千萬億那由他諸佛，悉皆供養承事，無空過者。若復有人於後末世，能受持、讀誦此經所得功德，於我所供養諸佛功德，百分不及一，百千萬億分乃至算數譬喻所不能及。

註：
•那：音諾他：音託。
•阿僧祇：是梵語。譯華語為無央數（無盡數）。
•那由託：是梵語。譯華語為一萬萬（無盡量）。
佛心有六通，無始以來之事，以佛眼皆悉知之，此謂宿命通，佛早知悉未來世之徒子，只知事佛，不知佛之究竟處盡在此金剛經，故以此言，較其功德之多寡也。
•值：過也。
•刼：長時之意也。

講：此段持經之功德勝於釋尊在先世供奉諸佛之功德。
佛又言：須菩提！我想到往昔，歷過無量無盡數之長時，於斯時是未遇然燈佛以前，曾遇八百四千萬億，無量數之諸佛，我皆盡意對每佛供養奉事，不敢懈怠，無有空值不奉事者，如此之福德，當然可言甚多。若復有人於末世能受此經，所得之功德，與我供養諸佛之功德相比較，我之功德百千萬億分不及彼之一分，乃至算數之多，譬如之廣，皆不能所及持經見性功德之一分也。何以故？供佛是有為有得之功德，不能速得菩提，遠不及如持經，自度度他之功德，是無為無所得之功德，能速得無上菩提也。

●疏鈔云：佛言我之供佛功德千萬倍，不及持經功德一分，故云算數譬喻所不能及。

●陳雄曰：阿僧祇、那由他，梵語皆為無數之謂。歷無數刼，供養無數佛，求福而已，不若持此真經，見自本性，永離輪迴。

五祖云：終日供養，只求福田，不求出離生死苦海，自性若迷，福何可救？是故供佛功德，雖百分百千萬億分，乃至算數之多，譬如微塵恆沙，皆不及持經功德之一分也。末世人徒知，事佛而不知佛究竟處，盡在此經，捨經何從而得，是以作如是說而較其優劣。梁武帝造寺布施，供佛設齋，問誌公禪師有何功德？答曰：實無功德。後人不了此意。

韶州韋使君，因問六祖，六祖大師開示曰：造寺、布施、供佛、設齋，名為修福，不可將福以為功德，功德在法身中，非在修福。又曰：功德在自性，不是布施供養之所求，此所以福不及功德，供佛不及持經也。

『須菩提！若善男子、善女人，於後末世，有受持、讀誦此經所得功德，我若具說者，或有人聞，心即狂亂，狐疑不信。須菩提！當知是經義不可思議，果報亦不可思議！』

註：•具說：詳言也，謂說悟後淨妙境界也。
•狐：獸名，其性多疑也。
•果報：果者功有所成，報者理有所驗，非今生後世之果報之說。

講：此段之持經功德無量，前已五次，尚未盡言也。佛再告須菩提，若善男信女於後末之時，能受持本經之理，讀誦本經之義，所得見性之功德實無量，必無所疑矣。我若再詳細言其見性之功德，其大包天地，其多勝於恒沙，或有鈍根之人，聞之起驚怖畏懼之心，狂馬而無定待，亂焉而無定見，展轉如狐之疑惑，不能信受，此是因不知此經之妙故也。

須菩提，當知此經之義理，乃真空無相最上乘之法，不可以心思言議以探其底蘊。至於究竟處，一受持續誦之間，先世之罪業消滅得此功德，真是果實報驗也，豈可以思議哉！

•李文曾曰：所得功德，我若具說者，謂說悟後淨妙境界也。

究竟無我分第十七

分解：究竟無我者，直下究竟本無我體，須菩提於住降之意粗塵已遣，細惑難融，至是復申前請，欲得住降究竟之道理，所以佛以己身上事示之，使弟子直悟人空法空，即究竟無我也。

概論：須菩提，聞佛所說之經義，於護念付囑諸菩薩之說，已領悟其詳，因未徹悟善男信女發菩提心，云何住降？並一切衆生即非衆生之義，再請佛示。

且聞佛為發大乘者說，為發最上乘者說，並善男信女持經，有種種功德，經義之果報，不可思議等，須菩提聞經到此直下大悟，善男信女發菩提心，不可不受持此經耳！

佛又恐弟子執著於佛法，以發菩提心故，返覆教導弟子「實無有法，發阿耨多羅三藐三菩提」然菩提覺心，是我性中自有湛然不動、不生、不滅、聖凡無異。只因衆生被四相六塵，遮蔽其覺心，以致心不清淨，迷真追妄，則從業緣中而現其妄想，耽著五欲之樂，然佛以真理教導衆生，令其除滅一切之妄念心，度入清淨無為之鄉，即應無所住而生其心，此真發無上正等正覺也。

佛以婆心，自己昔日在然燈佛所，實無有法所得之實例，舉與弟子覺悟。若是有法，然燈佛必以成佛之法傳授，豈以只授記而已，何必懸記來世作佛之言，並示號為釋迦牟尼？佛昔在然燈佛所，只有聽法受本師開導，乃自悟自修，後得成無上正等正覺者，乃於是中無實無虛，何有何法諸法如義。

爾時，須菩提白佛言：「世尊！善男子、善女人，發阿耨多羅三藐三菩提心，云何應住？云何降伏其心？」

佛告須菩提：『善男子、善女人，發阿耨多羅三藐三菩提心者，當生如是心：我應滅度一切衆生；滅度一切衆

生已，而無有一衆生實滅度者。

講：須菩提再向佛言：善男信女發菩提心，應如何能使菩提心常住？如何能使菩提心降伏？

佛告須菩提！菩提心是人人本有具足，只因衆生為塵染所障蔽，以致有此種種妄念心，為人當先培養真心，使其欲盡，卽是發菩提心，此則住心，也是降伏當如是心者也。如一切之衆生，煩惱妄想，取捨人、我，貪嗔、嫉妒，種種四相之類，我應一一為之除滅度脫之，如是所謂之滅度者，不過是指點性真，令彼自性自悟，原來還其本所有，蓋衆生旣見性真，卽是巳滅度，本自不生，今亦不滅，故云而無有一衆生實滅度者。

◉疏鈔云：言滅度一切衆生巳者，時中妄想，取捨人我，貪瞋嫉妒，一切不善心，卽是一切衆生，以無我心，將忍辱以降伏，令邪惡不生，卽是滅度一切衆生巳，巳卽盡也，言而無有一衆生實滅度者，卽煩惱妄念，取捨貪嗔，一切不善心本自不有，因貪財色恩愛情重，方有此心，今旣知覺，以正智而滅之，亦不可見實有滅者，本自不生，今亦不滅，故云而無有一衆生實滅度者。

◉黃蘗禪師曰：只淨其心，更無別法，此卽真佛，佛與衆生，一心無異，猶如虛空，無雜無染，如大日輪照四天下。日升之時，明徧天下，虛空不曾明，日沒之時，暗徧天下。虛空不曾暗。明暗之境，自相淩奪，虛空之性，廓然不變，佛與衆生，心亦如是，我應滅度一切衆生者，佛言我今欲令一切衆生滅除妄想，令見真性。

『何以故？須菩提！若菩薩有我相、人相、衆生相、壽者相，則非菩薩。所以者何？須菩提！實無有法發阿耨多羅三藐三菩提心者。

講：佛言：此是何以故呢？若學道之菩薩，存有我滅度之心，則著我見，有衆生可度，則著衆生見，如是此四相尚未除，菩提心由何而發，何以言菩薩呢？所以然者，以性本空寂，渾然天成。發此心者，不過自修自悟而已，實無有法發菩提心者，若有法發菩提心，則有能度所度，有人我四見。今旣無法發菩提心者，自無能度所度及我人衆生壽者四見矣。

•、六祖曰：須菩提問佛，如來滅後，五百歲，若有發阿耨多羅三藐三菩提心者，依何而住，如何降伏其心？佛言：當發度脫一切衆生心，度脫一切衆生，盡得成佛已，不得見有一衆生，是我滅度者，何以故，為除能所心也，除有衆生心也，亦除我見心也。

『須菩提！於意云何？如來於然燈佛所，有法得阿耨多羅三藐三菩提不？』「不也，世尊！如我解佛所說義，佛於然燈佛所，無有法得阿耨多羅三藐三菩提。」

講：佛反問須菩提曰：汝意如何？我於然燈佛所，有法得此菩提心否？須菩提答曰：世尊！無有法可得菩提心，照我之心悟，佛所說的道理，佛前世在然燈佛所是自性自悟，豈有可得無上正等正覺哉！

佛言：『如是！如是！須菩提！實無有法如來得阿耨多羅三藐三菩提。須菩提！若有法如來得阿耨多羅三藐三菩提者，然燈佛則不與我授記：「汝於來世當得作佛，

號釋迦牟尼。」以實無有法得阿耨多羅三藐三菩提，是故然燈佛與我授記，作是言：「汝於來世當得作佛，號釋迦牟尼。」何以故？如來者，即諸法如義。

註：釋迦牟尼：是梵語，譯做華語為能仁寂默，即度脫一切，心體如如也。

牟尼為體，即是如字。

能仁為用，即是來字。

●諸法如義：如義者，真理也，真如也。諸法如義者，萬有之實相即是真如也。即萬有真實之相，本來自如，其見於諸法事，亦自然而然其如如不動之義理，即最上無為法也。

講：佛深以須菩提之言為合宜，故稱如是如是。復謂之曰：實無有法得菩提，若是有法可得，然燈佛諄諄舉其成佛之法傳授與我，何必懸記來世，方作佛之言。實因無有法可得菩提，所以然燈佛方與我授記，並示來世成佛之名號稱釋迦牟尼。

蓋如來者，本性湛然，寂然不動，不染不著，如其本來，所以名如來
倘不知如來之義，卽錯誤我另有法可得菩提。須知真如人人具足本有
，自性自悟，豈可向外有法可得菩提哉！
•僧若納曰：如來者，卽真如也，真如不離諸法，故云卽諸法如義。
•維摩經云：如者不二不異，一切法亦如也，衆聖賢亦如也，至於彌勒
亦如也。

『若有人言：「如來得阿耨多羅三藐三菩提，須菩提！實無有法佛得阿耨多羅三藐三菩提。須菩提！如來所得阿耨多羅三藐三菩提，於是中無實無虛，

註：於是中：清淨心也。
•無實無虛：虛實双遣也。
•僧微師曰：無實者，以菩提無色相故。無虛者，色相空處，卽是菩提，故知如來所證菩提之法，不空不有，故曰無實無虛。

講：佛又恐弟子未悟，復曰：或有人說，我得菩提之法，不知我從實無

有法上得之。然我所以得此法者，皆是我清淨心中，菩提覺性，本無形迹，此法無有實色相，空空處，即是菩提。實則無能得之佛與所得之菩提也，所以者何？得而非得，不可言實；非得而得不可言虛，故曰：佛所得菩提，無實無虛也。

・王日休曰：佛謂若有人言，佛得無上正等正覺之真性，是人則為妄語。何則真性者，佛本來自有之，止為除盡外妄，乃見真性耳，凡言得者，皆自外而得此真性，豈有自外而得哉？故言得者，則為不實語也。佛乃呼須菩提而自答云：非有法如來得之，名其法為無上正等正覺之真性也，蓋性則吾之本有，法則自外而來，惟假法以去除外妄而明真性，豈謂於法有所得而名為真性哉！

『是故如來說一切法皆是佛法。須菩提！所言一切法者，即非一切法，是故名一切法。

講：佛說諸法皆發明真常之精奧，因為修行之經路，非外道可比，皆是般若之佛法也，然人心之大事未明，須賴此法指示迷途，除去四相，若真空既悟，我自得之，法亦非有，方名佛法也。

佛所以隨說而又掃去者，蓋謂不可泥於法耳，豈真絕無法耳。

●馬祖曰：一切衆生從無量劫來，不出法性三昧，長在法性中著衣喫飯，言談祇對，六根運用，一切施為，盡是法性，不解返源，所以隨名逐相，迷情妄起，造種種業若能一念迴光返照，全體聖心，何處不是佛法。

『須菩提！譬如人身長大。』須菩提言：「世尊！如來說人身長大，即爲非大身，是名大身。」

講：佛告：須菩提！譬如人之一身，長而且大，果真為大否？須菩提答曰：世尊！清淨法身，量等虛空，方是真大，佛說之大身是有生滅，便有限量，何足為大，不過是假名而已。

●李文會曰：色身有相，為非大身，法身無相，廣大無邊是名大身。

『須菩提！菩薩亦如是。若作是言：「我當滅度無量衆生」，即不名菩薩。何以故？須菩提！實無有法名爲菩薩。是故佛說：「一切法無我、無人、無衆生、無壽者。」

講：佛告：須菩提！菩薩亦如大身不為真實也。夫我性中廓然常虛，本無衆生，因為四相未離，則衆生從業緣中而現。若菩薩自言：我當滅度，無量衆生。正所謂驅除妄想，何以名為菩薩？夫修行得至於菩薩者，誠賴佛所說之法，以滅度之。真性中，自有無上菩提之妙，本無衆生可度，豈有法可據，此所以虛名菩薩也。是故佛所說一切法，無人、我、衆生、壽者之妄心矣。此四者統而言之皆謂之衆生，衆生本無，何滅度之有也。

•淨名經云：色性自空，非色滅空，如病眼人見空中花無有是處。

•李文會曰：實無有法名為菩薩者，一切空寂，本來不生，不見有生死，不見有涅槃，不見有善惡，不見有聖凡，不見一切法，是名見法，正見之時，了無可見，即是菩薩，故云實無有法名為菩薩。

『須菩提！若菩薩作是言：「我當莊嚴佛土」，是不名菩薩。何以故？如來說莊嚴佛土者，即非莊嚴，是名莊嚴。

講：佛告：須菩提！若菩薩自說謂我能莊飾嚴整佛土，此是著於有相，豈足為菩薩，何以故？我所說莊嚴佛土者，非為莊飾外貌之莊嚴，乃謂吾心佛土也。佛土無相本來清淨，如何可莊嚴之說？佛以非莊嚴為莊嚴，有妙莊嚴存焉，是則所以名莊嚴也。

•疏鈔云：言佛土者，心土也，佛土無相，云何莊嚴？若有莊嚴，法即是增。

•顏丙曰：心常清淨，不染世緣，是為莊嚴佛土也，雖曰莊嚴，不可作莊嚴相，故曰即非莊嚴但強名而已。

『須菩提！若菩薩通達無我法者，如來說名眞是菩薩。』

註：通達：見得十分透徹也。

•無我：即吾儒之無以有己也。

•法者：真理也。

•真菩薩：造到純然通達無我、無法者，即等覺也。

講：佛告須菩提！若菩薩直下大悟大徹，無人、無我、無法、無非法，如如不動，湛然常寂，則名真是菩薩。

●王日休曰：據楞伽經說：二無我，謂人無我與法無我也。人無我者，謂人無本體，因業而生。法無我者，謂法無本體，因事而立。若者作富貴之業，則生於富貴中，作貧賤之業，則生於貧賤中，是人無本體也。若因欲渡水，則為楫舟之法，因欲行陸，則為輿車之法，是法無本體也。一切法皆因事而立，即是假合，假合即為虛妄，若信此理而悟解之，是真菩薩之見識故云如來說名真菩薩。

一体同觀分第十八

分解：金剛般若本包括教理行果。前五分明理；第六分後明事即行，經典即教，而教所明即理行，第十七分由教理行無我，總結菩薩至佛，自行教理行果已周，而化他之因果亦同，渾然一體同觀無別。蓋眾生心中皆有佛性，隨業所轉，佛之性海中本有眾生，而包羅萬有，隨緣不變，名雖有凡聖其體同一也。其差別者，是在眾生隨業遷流而遮蔽本體，佛不為業轉，而了悟真心。其轉與不轉之細微處，是真心妄心之樞紐也。悟則全相成性，即妄處見真。迷則全性成相，真處起妄。

真妄同時不一不異。總而言之，衆生本有佛性，與佛原來無二無別，則佛與衆生結局同體，故謂一體同觀也。

概論：佛破法執我執，結之以通達無我法，不言無法，而言無我法，則知滅法爲頑空，不足言，圓明妙覺。執法則住相，也不足言，圓明妙覺。無我法者，法非有而不落於虛，法非無而不滯於迹，卽是非法，非非法，若能達其實相義，非有反觀內照之能，不能窺其微妙。所以本分以五眼觀娑婆世界，而問欲觀人須先觀我，觀見我本來清淨之覺性，卽知此是菩提心。觀見我後，亦起紛飛意念，卽知此非菩提心。沙界衆生皆具足佛性，故曰佛世界，則佛與衆生一體者也。衆生之若干種心，佛悉知悉見，皆是非心、如過去心、現在心、未來心，種種之心皆是妄心，本來覺性中無此也。

要而言眞心者，本來清淨無爲，而被塵勞所蔽，耽著五欲之樂，迷眞逐妄，故非以般若觀照之功，不能通達無我法也。

『須菩提！於意云何？如來有肉眼不？』

「如是！世尊！如來有肉眼。」

『須菩提！於意云何？如來有天眼不？』

「如是！世尊！如來有天眼。」

『須菩提！於意云何？如來有慧眼不？』

「如是！世尊！如來有慧眼。」

『須菩提！於意云何？如來有法眼不？』

「如是！世尊！如來有法眼。」

『須菩提！於意云何？如來有佛眼不？』

「如是！世尊！如來有佛眼。」

註・如來：佛自謂也。

・肉眼：凡見衆生形色具足爲肉眼（有色身自有肉眼）。

・天眼：凡是大千世界，慧性普照，光攝大千爲天眼。

・慧眼：凡見自性般若，返觀內照，智燭常明爲慧眼。

•法眼：凡見諸法皆空，了諸法空，洞徹世界為法眼。

•佛眼：凡放大光明，破諸幽暗，真性常照，上自諸天，下至九幽，毫無障碍為佛眼。

經中所說肉、天、慧、法、佛五眼，總是性中之明覺。大凡衆生皆具此五眼與佛無二，因四相六塵遮蔽，只有肉團眼而已。

講：佛言：須菩提！汝意如何？如來有看見衆生之肉眼否？

須菩提言：如是，世尊！有肉眼。

佛言：須菩提！汝意如何？如來有普照世界之天眼否？

須菩提言：如是，世尊！有天眼。

佛言：須菩提！汝意如何？如來有般若常照之慧眼否？

須菩提言：如是，世尊！有慧眼。

佛言：須菩提！汝意如何？如來有見諸法皆空之法眼否？

須菩提言：如是，世尊！有法眼。

佛言：須菩提！汝意如何？如來有真性常照上自諸天，下至九幽，無絲毫障碍之佛眼否？

須菩提言：如是世尊！有佛眼。佛既有如此之五眼，當然無所不知，一定能覺一切衆生心也。

●太虛大師講說：

肉眼者，凡夫眼，範圍最小，以紙障之，卽不能見。

天眼者，生天眼者，生天者有之。禪定亦得，能遠視、能透礙。

慧眼者，聲聞，緣覺乘有之。觀衆生皆空，皆是四大、五陰假合，如法緣生鏡花水月。

法眼者，菩薩所具之眼也。不惟了達人、我、衆生、是空，亦了達諸無自性，一切卽一，一卽一切，運用無礙。

佛眼者，卽佛具之佛眼也。證得無上正等正覺，通達一切衆生出世間法。此種妙智，五眼皆具；菩薩得四眼。六通羅漢雖具之眼，而不能剎那齊觀之境。

二乘通而有礙，凡夫礙而不通，佛於剎那中同時可見人、天、羅漢、菩薩所見境界究竟清淨，圓滿法界，無障無礙，無欠無餘，卽是此眼，所見諸法相用。

研究其實、定體、定相、定用，皆不可得。

『須菩提！於意云何？如恒河中所有沙，佛說是沙不？』「如是！世尊！如來說是沙。」『須菩提！於意云何？如一恒河中所有沙，有如是沙等恒河，是諸恒河所有沙數佛世界，如是寧爲多不？』「甚多，世尊！」

註：沙等恒河：以恒河之沙，每一粒沙比譬為一條恒河，比盡其沙，則河數之多，已為無量。復以無量之諸恒河中之沙，每一粒沙以比一世界，每一世界各有三千大千之數，則世界復成無盡無邊無量。●佛世界：三千大千世界內，必有一佛設化，故謂之曰佛世界。娑婆世界衆生，皆有佛性，故曰佛世界。

講：佛教導弟子，明此許多衆生妄心，故以許多世界來比喻而問。佛言：須菩提！汝意如何？恒河中所有之沙，是沙否？須菩提言：如是，世尊！佛說是沙。佛言：須菩提！汝意如何？如恒河中所有之沙，倘一粒沙等於一恒河，於諸河中所有之沙數，盡量來比佛世界，如是佛世界多否？須菩提言：世尊！甚多不可計量。

佛告須菩提：『爾所國土中所有衆生若干種心，如來悉知。何以故？如來說諸心，皆爲非心，是名爲心。

註：●爾所：就是上面說的這樣多。

●若干種：卽種種不一也。心數雖多，不出過去、未來、現在，環轉鉤連，糾結了，無非是妄心也。

●非心：人本有之真心是清淨的，因一切妄念由五蘊而生起，皆非本有之心，故謂非心。

講：佛告：須菩提！就是上來所說的這樣多的國土中，所有很多之衆生，其心念無數，一切都是妄心，隨情而遷，逐境而生，顛倒妄想，各有差別不一，我以清淨之五眼皆盡知盡見，其故爲何？我所說一切心，皆是衆生之妄心，非真性中之心，能悟得妄心非心者，方能顯菩提之本體，此始可名爲心矣！

‧僧若訥曰：若干種心有二種，一世間凡夫心，二出世間聖人心，如來盡能知之故名正遍知也。

『所以者何？須菩提！過去心不可得，現在心不可得，未來心不可得。』

註‧過去心：思念前事謂過去心。

‧現在心：思念今事謂現在心。

‧未來心：思念後事謂未來心。

‧不可得：即是本來無有之意思。

講：佛言：佛所說非心者何也，蓋常住之真心，妙湛圓寂，體用如如，若太虛空，物至則覺，過去心已滅，何有凝滯於物。現在心不住，何有專主於有。未來心未至，何所預期於先，虛靈莫測，返觀於內，三心總不可得，此方是菩薩真心，一體同觀矣。

‧德山大師：精究律藏，通達性相諸經，就中尤以講金剛般若，為最得意。德山大師，姓周，時有周金剛之稱。當時南方禪宗正盛，德山大師，大為不平，曰沙門，千劫學佛之威儀，萬劫學佛之細行。

況學猶不得成佛，彼南方魔子，竟敢言，直指人心，見性成佛。我當往其窟穴，滅其種類，以報佛恩。於是擔了青龍疏鈔，出了蜀國，走向澧陽而來，值於途中，腹腸餓飢，見有茶店婆婆，賣售燒餅，德山大師，乃到店中買餅充飢。茶店婆婆，指其擔子曰：擔子挑是何物？德山大師曰：青龍疏鈔也。婆婆問曰：是講何經？答曰：是講金剛經。婆婆曰：我有一問，汝能答則給此點心，否則請速離此。德山大師請其言，婆婆曰：金剛經說，過去心不可得，現在心不可得，未來心不可得。請問汝意，是指「那個心」而言。德山大師經其一問，噤口不能答，只可挑了擔子，悵然別去。彼受此教訓後，來到青龍潭崇信寺，益加精進，終大徹大悟，成了大道。

法界通化分第十九

分解：法界者，十法界也。通化者，妙智慧充滿法界，通達無邊化一切境界也。

前文所說三心不可得，既是心不可得，則福亦不必修矣！此又恐弟子誤解，所以告以無福之福，無得之得之妙理。蓋無福之福，即雖有布施，而忘布施，無得之得，卽雖有能所，而忘能所也。凡住相布施，卽是有為之功用，不住相布施，卽是無為之功用。有為之福終有完，無為之福，永享不盡。一是妄心所行之處，一是真心見性之處。

本經常言七寶布施，不如見性為妙，第十一分言七寶布施，不如持經為勝。此分七寶布施不如離相為最勝。蓋住相為有漏之因，究不能得無漏之果也。般若最深處，卽云福德無實性，於無我法中，通達無礙明了真空之玄妙，則通化法界無量無邊矣。

概論：本分是第六次以七寶布施較量持經功德，前言之福德，尚是有相之福，此段是離相之福也，福德無實，得與不得，是平等。夫得必有因緣，有何因緣則有何福。設若有人，以不可得為因，用大千世界之寶為緣，布施於人，萬一心中一著因緣，則是住於有為之相，是福得有實，然佛對此，則不說得福德多。倘以空心為因，七寶施為緣，復不住相，則福德之多不可較量也。

總之本分因前分，心不可得，恐後世衆生或疑福不可修，故以無福之福為大以破之。

『須菩提！於意云何？若有人滿三千大千世界七寶以用布施，是人以是因緣，得福多不？』「如是！世尊，此人以是因緣，得福甚多。」『須菩提！若福德有實，如來不說得福德多。以福德無故，如來說得福德多。』

註：福德有實：大千七寶布施之福，俗眼為實，佛眼為無，布施既廣，福德有實，然其福德之實有是取相，此乃人天小果，難免輪迴，畢竟有墮落，不足為多，故佛說福德不多。

福德無故：謂福無住於心是離相，故稱性，性如虛空，故佛說所得之福德多矣。

講：佛言：須菩提！於意如何？若人滿三千大千世界七寶行於布施，而有住施者，受者，財物三相，是人以是因緣得福多否？須菩提言：如是，世尊！此人以是因緣得福德甚多。

佛復告須菩提！若是以有心住相之福德為實，而行於布施則心著福是有所得之心，其福報有限，所以我不說得福為多矣。以我所說之福德，在無住相布施，則是無所得之福德，以無求之心，福性本空，德從慧出，正是無為清淨之功德。蓋無所得之福德，不從有得生，亦不從無得生，得無得是平等，故是無所得也。

●自在力王如來頌曰：廣將七寶持為施，如來不說福田多，若用心燈充供養，威光遍照滿娑婆。

●李文會曰：凡夫住相，布施七寶，希求福利，此是妄心，所得福德，不足為多。不如淨妙無住之福，無得之德，同於虛空，無有邊際。

離色離相分第二十

分解：經文云：「諸相非相」言之不啻再三，至此言離色離相，與前文更深一層，色相因緣起而忘生，離妄清淨，即見性。第五分諸相非相，是令人破相分，第十七分究竟無我一段是破見分也。

　相分屬色，見分屬心，此心則是能推測事理之妄心也。此妄心是難降伏，時常因為緣起被六塵繫縛，即為法塵留碍。須菩提已得人空之慧知，三十二相非相，明得非相，是破相也。明得見相非真，是破見也。人法俱空，色心齊棄，即悟非空非色，非一非異之理。

蓋色心二法，相待而有，離之不可，即之亦不可，若云離相，則色身未嘗不是法身，若云即相，則說，法身不是色身，真正法身不可以即相見，亦不可以離相見。即相見，謂之住相，離相見，謂之斷滅。

若即相而不住相，離相不落斷滅，於相中悟其非相，於色中悟其非色，即是住塵離塵，則真悟離相離色之妙理矣。

概論：本經第五分，是令人見無相之真性如來。第十三分是令人須知釋佛三十二相之色身也是假，不如持經見性為真。本分之言，不但三十二相是假，即神通變化也是非真實相也。總之本分與第五分，第十三分同意，論其理深淺耳。

綜有如下二點之意：

㈠以佛無相可見，恐怕弟子疑，謂既無身相，誰當說法。

㈡以末世之修行者，多持色相，偏於香花頂禮之外貌，重於讀誦經典，不研其理，不悟自己之真性，徒然想作祖成佛。所以佛以婆心，不憚反覆叮嚀告誡要破色相，皆是妄見，以顯離妄見真理。

『須菩提！於意云何？佛可以具足色身見不？』「不也，世尊！如來不應以具足色身見。何以故？如來說具足色身，即非具足色身，是名具足色身。」

註•具足：毫無欠虧，圓滿優美成就之意。

•色身：即有形有色，可見之皮肉身也。

分解：釋迦佛具足容貌相好十二種。身體相好十種，手足相好十種，共三十二相，此是修淨行之報應身，由報得來者，也是色身也。

•佛：真性佛也，不是色身也。

•如來：（如來不應以具足色身見）真性也。

講：此段專在離色也。佛恐須菩提錯認如來色身，把作如來之法身而看，故設此疑而問之曰：

佛可以具足色身見否？須菩提解其意，遂答之曰：不也，世尊！不可以三十二相具足色身看為真性佛，何以故？蓋具足三十二相之色身，也是四大假合所成之血肉之軀，有生滅，非真具足之法身也。若法身則縱橫無礙，自由自在，念念無非是般若，不生不滅，湛然不動，方是具足妙色相，特名而已。

『須菩提！於意云何？如來可以具足諸相見不？』「不也，世尊！如來不應以具足諸相見，何以故？如來說諸相具足，即非具足，是名諸相具足。」

註：具足諸相：有神通之變化，不止三十二相也。

講：此段專在離相也。佛又問之曰：以三十二相具足之色身，既不可見為真性如來。或可以神通變化之諸相看為真性如來否？

須菩提即解其義，而以否答之。是因何故？色身既是虛假，神通變化諸相也是不真，所以不應具足色身為是真性如來。佛所說諸相具足，即非具足者，是非徒取諸相也。以釋迦佛雖有三十二相，是因修淨行之報身而得，以般若觀照，令其萬象悉融，凡六神通，八解脫，且於自性中者也，皆無欠無餘，當滿足耳。此色身中，有真性如來在焉，是名諸相具足也。

非說所說分第二十一

分解：法無所說，所說非法也。佛實無有言說，然其說法者，是為衆生解除去縛，究竟無有實法可說。雖說無有執着能說，亦無有執着所說，能所兩忘，不落有無二邊，解說非千舌能言不在聲也，佛只為指破衆生自性自悟，蓋本心元淨，諸法元空，更有何法可說？故曰非說所說也。

概論：本分與第七分無有定法，如來可說，第十三分如來無所說之意，相同反覆指導弟子，勿執言說，勿執文字而寡默之妙道也。

然說法亦非說法，是名說法者，可知於法應無所住。因為緣生乃成說法，緣散則寂，因法本來無有固體之故，本來無來無有生滅，不增不減，湛然清淨，所以無有能說之固體身相，亦無有所說之固體聲塵。若執於能說、所說者，即住於相，皆是虛妄，所以無法可說者也。

雖有說無有能說、所說之執，能所兩忘即無住矣！佛之說法無有定法可說，隨衆生之智慧深淺，應機而說，應以何法教導？即以何法契悟？以此說法開悟衆生而已。若人言如來有說法，即為謗佛，是因此人，佛說真理，不能深解之義，以致有所取著，未悟了徹，般若之妙理，所以假觀名為謗佛，真觀非明理也。

「須菩提！汝勿謂如來作是念：『我當有所說法』。莫作是念！何以故？若人言如來有所說法，即爲謗佛，不能解我所說故。須菩提！說法者，無法可說，是名說法。」

註：謗佛：謂佛還有人我之相。

講：佛告須菩提！爾勿自謂我有心作說法之念頭，以開示於人，汝切莫作是念，何以故？假定有人言佛有說法於人，則是淺見寡識，滯在文字之粗，則無異於謗佛，不能解會，我所說之義也。

佛再告：須菩提！我之所謂說法者，不假口說之騰，默契心源之妙，唯能坐斷十方，打成一片，非言語可到，本來無法可說，不過為衆生，開除外邪而說，是名為說法而已。

。圓覺經云：依幻說覺，亦名為幻，既名為幻，所說之法皆是幻。

爾時，慧命須菩提白佛言：「世尊！頗有衆生於未來世

聞說是法，生信心不？」佛言：『須菩提！彼非衆生，非不衆生。何以故？須菩提！衆生衆生者，如來說非衆生，是名衆生。』」

註：慧命者：以須菩提既得慧眼，且年高矣，即長老之別名。

．非衆生：衆生各具佛性，故云非衆生。

．非不衆生：現在尚未解脫，故云非不衆生，即是衆生也。

講：爾時長老須菩提，白佛言：末法之後，略有衆生，聞說此經般若之法，能生敬信之心否？

佛告：須菩提！汝勿謂五濁惡世之間，俱是不信佛法之人，蓋佛與衆生原非兩類，同具有般若真如，彼雖為衆生，而真性原有，非可以衆生視之；彼雖非衆生，而業緣現在，又非可以不衆生目之。何以故？衆生於衆生中，苟能聞般若法而敬信之，言下頓悟見性，是則前之所說，非衆生中之人也，是強名衆生耳。

．智者禪師頌曰：不言有所說，所說妙難窮，有說皆為謗，至道處其中，多言無所解，默耳得三空，智覺剎那頃，無生無始終。

無法可得分第二十二

分解：般若妙法，本是己身自足，本來無缺，從何有所得。但有所得，皆是執情未忘，能所未破。前云得福德者，以布施之因，得福德之果；此也是相分之事。今云無得者，是云福德性，非福德果可比也。福德果尚有相可見，福德性實無相可見也。福德性既無相可見，即無法可得，不但無法可得，即能得者亦無也。相分是所得，見分是能得，能所盡破，即不見衆生為所度，不見自身為能度，故云無量衆生是我度者，實無衆生得滅度者也。

概論：屢言一切俱空，佛於菩提實無有法可得，須菩提恍然悟徹此理，因為當機直問佛得菩提，究竟真無所得耶！此「耶」，字雖似疑問，却是悟處，夫無所得方是真得也。

此分以無法得菩提，與滅度衆生，實無衆生得滅度，於法無住行於布施之道理同矣。無得之道理，其細已極，當初祖到東土破六宗時，觀此破無碍宗之問答，可稍明無法可得之真諦。所謂無上菩提者，是本來清淨智慧，非另外有法可得。

須菩提白佛言：「世尊！佛得阿耨多羅三藐三菩提，為無所得耶？」佛言：「如是！如是！須菩提！我於阿耨多羅三藐三菩提，乃至無有少法可得，是名阿耨多羅三藐三菩提。」

註：耶：此字雖似疑問，却是悟處也。

•少法：少量之法，少數之意。

講：須菩提善解空，深悟菩提之奧妙，乃以佛無上菩提真無所得之義為問，佛深許其言為當，故答之曰：如是！如是！我於無上正等正覺之法，不從外得，乃是我之真性也。若有得，即有失。凡是可以得失言者，皆是身外之物，非自性也。自性菩提，人人具足，何能言得？乃至絲毫之法也是無有所得，強名無上菩提而已。

•誌公禪師云：但有纖毫卽是塵，起意便遭魔所擾。

•逍遙翁云：內覺身心空，外覺萬事空，破諸相訖，自然無可執，無可爭，此謂禪悅，所謂大明了人，勿令有秋毫許障痴，微塵許染著，堅久不渝，便是無上士，不動尊也。

•六祖云：妙性本空，無有一法。

淨心行善分第二十三

分解：此段從無法可得而來，凡夫所行善業，皆是求福德之心，有此求福德之心，卽是執着有為之善，稍有執着，皆是不淨，今言淨心者，無有能得所得之心，能所不住，故云淨心，所云善行者，無有能行所行之行，能所不立，故云善行。

總言淨心行善者，卽是所行之善亦忘，能行之心亦忘。發慈悲心，行利益事，外不執所度之心，內不執能度之心，不著四相，修一切善法，此之謂真正得菩提。

概論：前分言佛於無上正等正覺之法，無少法可得，佛又恐須菩提執着無法之見。故再告之，謂本覺人人皆有，無論凡聖，並無差別，一律平等，無有高下也。以無我，無人，無衆生，無壽者，修一切善法，卽得菩提。換言之，菩提本無法，故不能不假法以修行，既得菩提，法亦不立，正是啓明經文，有我人等四相，卽非菩薩之道理，而於法應無所住一節之義，更為詳明矣！

『復次須菩提！是法平等，無有高下，是名阿耨多羅三藐三菩提。以無我、無人、無衆生、無壽者，

註・刋定云：在聖不增，故無高。居凡不減，故無下。此言平等性也。（真心卽是性）原來是一無二者也。

講：世人總謂佛為高，以衆生為低，不明無上菩提，卽是平等。上自諸佛菩薩，下至蝸蟻昆蟲，其真性無有分別，故佛又告須菩提，我所無上菩提之法，乃我本然之性，在聖而不增，在凡亦不減，人人具足，世世同然。然其色身則有高下，真性無高下，故曰平等也。何以見之，以我真心中，原無有我、人、衆生、壽者之妄，若有此妄，則嗜欲深矣。湛一不全，迷真逐妄，種種異起，何得為平等法哉？法為平等，方名無上正等正覺也。

『修一切善法，卽得阿耨多羅三藐三菩提。須菩提！所

言善法者，如來說即非善法，是名善法。

講：佛又連續說，當修一切善法，凡修六度波羅密者，皆是明心見性之善法，依此法修，虛己冥真，崇德履道，必能造到覺地矣！即得此無上正等正覺之佛果矣！然又恐弟子泥於有法，佛呼須菩提曰：我所言善法者，乃接引衆生，入道之門，本來原無此善法，不過假取虛名，以開悟弟子耳，若執著善法，便有人我等相矣！又落兩頭機，豈是平等哉！

●李文會曰：修一切善法者，若不能離諸相而修善法，終不能得解脫，但離諸相而修善法，即得阿耨多羅三藐三菩提也。又云若人於一切事，無染無著，於一切境，不動不搖，於一切法，無取無捨，於一切時常行方便，隨順衆生，令皆歡喜，而為說法，令悟菩提真性，此即名為修善法也。

福智無比分第二十四

分解：福有二種：有世間福，有出世間福。世間福，從布施因緣而來，有何種因緣，即得何種福報，此謂之有為善，所得有為善福，福盡還須墮落。出世間福，從觀照般若而來，能深入般若，即能解脫，能得逍遙自在，此謂之無盡福，福無盡亦無墮落也。智亦有二種：有世間智；有出世間智。世間智，對於世間法一切能明，雖曰明徹事理，而不捨塵相，也是事障。出世間智，對出世間法一切能明，能所双忘，盡理障。

今云福智無比者，是出世間之福智，所謂清淨之無漏智，非七寶布施之世間福有漏智，所能比擬也。

概論：佛因上分有非善法之言，恐弟子忽略此經，故本分又申言布施之福，不如受持此經乃至四句偈之福。前者執相，貪求利益，後者離相，所以超勝無量。七寶因為身外之寶，是得世間之福，享受有限有盡。般若是身中之寶，得出世間之福，享受無限無盡。以此兩相比較天地之懸隔也。

總之本分要在福與慧相較（此是第七次較量），尤可見佛說經一番，又較量一番，殷勤咐囑，不憚再三也。

『須菩提！若三千大千世界中，所有諸須彌山王，如是

等七寶聚，有人持用布施，若人以此般若波羅蜜經乃至四句偈等，受持、讀誦、爲他人說，於前福德百分不及一，百千萬億分乃至算數譬如所不能及。

講：佛告，須菩提！須彌山是衆山之王，若三千大千世界中，所有之諸須彌山，有人聚集七寶，其數等於須彌山之多，以用布施，其福定爲多矣。論其福豈是真福！然人於世，自性迷却不明回頭是岸，福從何救。設若有人，以此般若經，乃至四句偈受持，有得於心，演說有益於世，如佛度衆，此是修自性上之福慧。比前七寶布施之福德，不及此福百分之一，譬如百千億分乃至無數之廣，也是不能及也。

化無所化分第二十五

分解：化者以法，度生也。無所化者，以平等心，度平等衆，外不見所度之衆生，内不見能度之我，作平等法界觀，自他兩忘之時也。此分從法平等，無有高下而來，既云是法平等，無有高下，又何有衆生可度也。若理法界，事法界，比較兩觀，即悟平等度生之妙。在事法界觀，實有衆生可度，若無衆生可度，則菩薩何須行六度萬行也。在理法界觀，實無衆生可度，若有衆生可度，則菩薩卽不能一體同觀也。究竟衆生何嘗不是受菩薩所度，菩薩何嘗不是度衆生，不過菩薩悟平等之理，知心、佛與衆生是三者，實無差別，故曰化無差別，故曰化無所化也。

概論：本分，佛要破，佛有人我之疑，以顯法身，眞我也。前云是法平等，無有高下，佛又恐誤解，疑謂法旣平等則無佛無衆生，又為何言「我當度衆」？我度衆生則有我矣！所以佛申說無我，以此喚醒衆生及凡夫。因平等法界，衆生與佛，同在性中，佛與凡夫，同為一體，不過一片慈心，欲其自悟耳。實則欲其悟，卽所以度也。

「須菩提！於意云何？汝等勿謂如來作是念：我當度衆生。須菩提！莫作是念。何以故？實無有衆生如來度者。若有衆生如來度者，如來則有我、人、衆生、壽者。」

講：佛告：須菩提！於意云何？我度人只令彼人覺悟，指導脫塵，也本來自性自度，汝等切勿可說，我有度衆生之心，須菩提！汝亦莫作是念，所以者何，我雖有此般若波羅密法以開示衆生，然衆生之心，本來空寂，原自具足。般若智慧，苟有聽經悟道，乃衆生自可化度，我何度之有哉。若說一切衆生，為我度化者則我執著我人等四相，便法有高下，而非平等矣。

『須菩提！如來說有我者，即非有我，而凡夫之人，以為有我。須菩提！凡夫者，如來說即非凡夫，是名凡夫。』

講：佛又告：須菩提！佛說有我者，是口雖說我，而無我見，我見既無，何如佛自稱有我耶？

佛說有我者，隨世俗說耳，實無有我可說也，既無我可說，如何世俗中有我來去生死等事耶？蓋世俗凡夫，以為有我也。所云凡夫者，亦屬假名，其性與佛同矣。因迷，金剛般若即凡夫，故說為凡夫。悟，金剛般若即聖，故佛說非凡夫。即此未悟之時，故名為凡夫也。

•經上文曰：實無有衆生如來度者，一切衆生本來是佛，何生可度。

法身非相分第二十六

分解：法身者，遍滿法界，無一處不是如來法身之真體。如來法身既然遍滿法界，即不能住相，觀如來清淨法身，非屬相貌，故曰非相，如來因凡夫執情太深，若直說法身非相，恐人難以信解，所以以前重重破執，至此盡情吐露，告須菩提曰：法身非相，則從前種種疑問在此打破矣。

概論：前分非凡夫，是名凡夫。本分又以釋迦之異於凡夫者，以有三十二相。所以問以三十二相，可觀如來否？正是又為欲破三十二相，教人不可住於釋佛之相。第十三分，如法受持中，佛又三十二相之問，須菩提曾以答「不也」。在本分又以著相之答者，非是前悟，后迷者也，因世之著相求佛者，往往皆然不是反其意也。

•華嚴經云：不了彼真性，是人不見佛。

『須菩提！於意云何？可以三十二相觀如來不？』須菩

提言：「如是！如是！以三十二相觀如來。」佛言：「須菩提！若以三十二相觀如來者，轉輪聖王即是如來。」須菩提白佛言：世尊！如我解佛所說義，不應以三十二相觀如來。

註：觀與見不同、見、視也。觀，諦視也。見，屬目。觀，兼心目。所謂想見也。

講：佛告：須菩提！於意云何？果以三十二相觀如來否？須菩提，（因前第十三分中，以三十二相「見」如來不？此分是，可以三十二相「觀」如來不？觀與見不同）。若未喻其意，因答之曰，如是如是，欲觀如來者，不出此三十二相也。佛此言即曉之曰，設若以三十二相之色身，可以觀為如來法身者，則轉輪聖王，乃管四天，如輪之轉，其福業之多，故其色身具足三十二相，與佛相似，則轉輪聖王亦當為佛焉。

須菩提，猛然大悟，白佛言：如我解佛所說義，法身雖不離色身，亦不應該以色身，觀為如來法身也。

爾時，世尊而說偈言：『若以色見我，以音聲求我，是人行邪道，不能見如來。』

註•偈：發言成句謂之偈。
•邪道：聲色乃是幻妄故曰外道之行為。

講：彼時世尊，說　二句，示以離相以為垂誡。
偈曰：法身等如虛空，靈覺合真，妙體湛寂，離形迹之間，超耳目之外。汝等若徒以顏色，見其形容，或徒執聲教，聽其音，欲以此二者，求見我之真性，是人即執於色身見佛，捨去正路，向外馳求，即是邪道，決不能見如來之本來面目矣！

•疏鈔云：佛言善現，汝不可以眼見我之法身，何故法身無色相，云何見得，衆生妙性，亦復如是，不可以見之。又以音聲求我者，佛之法身，怎可耳音而聞，若以耳聞者，亦非法身，如衆生自性還可以耳聞，若以耳聞者，即非佛性。所以佛言，若以見聞我法身者，是人行邪道，不能見如來，如來法身，非色非聲，無形無狀，不可以心思，不可以識識，在凡不少，至聖不增，看時不見，悟則全彰。

無斷無滅分第二十七

分解：斷者，常斷之斷也。執著於世間法者，不脫顛倒知見，以致於斷中，時常有妄見之計策也。以為之斷，然般若之法，是無盡無窮，不得謂之斷。以為之常，然般若法以隨緣而起，緣散卽歸于寂靜故，生，用不得謂之常。今云無斷者，是云般若法，本非斷非常，不可以斷，常之見計也。滅者，生滅之滅也，世間人不悟涅槃實際，以為滅而般若法本無生，不得言滅。以為生，而般若法本無滅，不得言生。今云無滅者，是般若法不生不滅，不可以生滅之法論之也。

概論：三十二相，是莊嚴具足之相，佛具無量無邊之功行，而後湛然圓寂，現出妙相。佛得菩提，是由於功行圓滿，則妙相自現矣。此妙相，不可執有，也不可執無，執有則住相何以現如來。執無又住於非相，何以勵功行矣。所以申言，一則曰：汝若作是念，再則曰，莫作是念。又重言之曰，汝若作是念，發菩提心者，說諸法斷滅。

復鄭重，以警之曰，莫作是念，發菩提心者，於法不說斷滅相。此分要在點破非法相，破弟子等之著無也。

『須菩提！汝若作是念：「如來不以具足相故得阿耨多羅三藐三菩提。」須菩提！莫作是念；「如來不以具足相故，得阿耨多羅三藐三菩提。」須菩提！汝若作是念；「發阿耨多羅三藐三菩提心者，說諸法斷滅。」莫作是念！何以故？發阿耨多羅三藐三菩提心者，於法不說斷滅相。』

註・諸法斷滅：卽一切法皆斷之滅之而不可用也。

法不說斷滅相：在此，卽謂未悟時，必須依佛法修之。

講：釋佛在因地修行起用一切善法淨行，成就三十二相，證得無上正等正覺的佛果位 此是報身之理也。佛反問須菩提！汝若有心疑問於念如來佛，不用具足相卽是不假用清淨妙行而修，速然可得無上菩提。佛又再告曰：汝切莫有如此之念，佛誠然不因具足此妙相之緣故。而遂便可得無上菩提也。佛又反言以警曰：汝若謂不因以修，而便可得正覺，則一切法皆可廢而不用，必至沉空滯寂，灰心冥福，而成斷滅相矣，此念決不可起。何以故？佛又正言以明之曰：蓋無上菩提心者，須依佛法修行，要在空而不斷，無而不滅，但是萬法雖空，修行仍有路徑，法乃不可斷滅矣。譬如渡水，既渡以後，不要用船，未渡以前，仍當用船之理同也。

不受不貪分第二十八

分解：領納在心為受，凡人對於外塵相，無論順逆境，有愛憎之心，皆謂之受。但有生心，動念之處，皆謂之受。若推尋受之根本，卽是微細之我未忘。既通達無我法，無我卽無受，能受之我已空，故曰不受。常恒不足為貪。貪求五欲之樂不休，謂之貪。貪求福德謂之貪，卽貪求涅槃亦謂之貪。菩薩悟無我之後，不貪念五欲，不馳求福德，不趨向涅槃，故曰不貪。

概論：法非斷滅，而法又不可住。佛復以菩薩用滿沙界之寶施為比喻，顯示無所住心，行於布施之功德。因而告之曰：若人徹悟一切無我，能忍能辱，直至忘忍辱，逆來順受，反加度脫，無我始得成矣。是人則是真菩薩，勝前菩薩行布施之功德（此是第八次布施較量功德也）。佛是教人，發菩提心之實在功行，既不可以「相」觀，又不可以「相」斷滅，此是般若之真諦在焉，此分要在點破福德不可住，又不可著有也。

『須菩提！若菩薩以滿恒河沙等世界七寶持用布施，若復有人知一切法無我得成於忍，此菩薩勝前菩薩所得功德。

講：佛告須菩提！設若有菩薩，滿恒河沙世界之七寶，以用布施，福固多矣！然因心著相，未免有貪受之心，非自性功德也。若復有人，深知一切萬法，由心而生，其心不著相，湛若太虛，無有我心，時時事事忍而堅持忍久，忍之又忍，以至忍至忘忍，終而無我，方得成就，容忍功德，此殊勝勝前七寶布施之功德矣。

- 六祖曰：通達一切法，無能所之心，是名為忍，此人所得福德勝，前七寶之福。
- 李文會曰：知一切法無我者，一切萬法不來不生，本來無我相，所得功德，即非七寶布施等福所能比也。

得成於忍者，既知人法無我，則二執不生，成無生忍，此乃勝前七寶布施菩薩。

『何以故？須菩提！以諸菩薩不受福德故。』須菩提白佛言：「世尊！云何菩薩不受福德？」『須菩提！菩薩所作福德，不應貪著，是故說不受福德。

講：「佛先言：無我方得成就容忍功德者，以菩薩原無所得之心也。佛恐須菩提錯認世間福德」。

佛告：須菩提！因為何故，是因菩薩濟度衆生，無存得福之心，世間富貴全不思想享受，但積福於虛空而已，故曰不受福德。

須菩提，未解其義，白佛言如何菩薩不受福德，佛再言：菩薩所作之福德，俱是阿耨多羅三藐三菩提之理，或受持於己，或演說於人，能所之心亦無，無有以我相之觀念度衆。原是行所當行，全無計功計能之念，福德之來與否聽其自然而已，是以不貪不受也。

•李文會曰：不貪世間福德果報，謂之不受，又云，菩薩所作福德不為自己，止欲利益一切衆生，此是無所住心，卽無貪著，故云不受福德。

威儀靜寂分第二十九

分解：威儀者，即三十二相萬德莊嚴之相也。寂靜者，無去無來，非動非靜，寂然之體也。

淨名經云：「不起滅，盡定，而現諸威儀，當下即現，化身菩薩。」其意則說大菩薩，體用不二，時時在定中，無有來去，出入之迹也。夫菩薩尚有威儀之用。不失寂靜之體，何況如來耶！如來則即威儀，即寂靜，即體即用，即用即體，隨緣不變，不變隨緣，無住而不自在也。

此文從無我，無受而來，既云無我，無受，則如來現去來坐臥，豈不是有我相耶？既現有相之我，豈不是有受耶？此蓋三身各異之見未忘，不明三身一體，尚未悟平等，法身之理也。今威儀寂靜者，如來雖現威儀之相，如來三身即一體，即一即三，而三即一，雖是寂靜之體，而隨現威儀之相，如來三身即一體，即是寂靜之體，故云威儀而寂靜也。

概論：前言，如來不可以相觀，而又非無相、相本法身所現也，故於法不說斷滅相、而又不可著法，直說到法無我，得成於忍，知一切法無我，則般若現矣。得成於忍，則波羅密可證矣。

由此再推而極之，卽是如來，何有來、去、坐、臥，佛因告之曰，若有人言，如來若來，若去、若坐、若臥，是人不解我所說之道理，卽不悟圓妙真諦，住於如來，名字相也。

因又進之曰：無所從來，亦無所去．所以名如來，前以三十二相觀如來是相言，此卽是如來，名字之言也，法相不可執，名字相不可執，則無上菩提心，如雲開，月現矣。

此分要在闡明如來之意義，以示法身無相，也是點破如來名字相不可住也。

『須菩提！若有人言：「如來若來、若去、若坐、若臥。」是人不解我所說義。何以故？如來者，無所從來，亦無所去，故名如來。』

註：來去坐臥：謂之四威儀。

講：「世人多以四威儀中求色相之佛而不知般若真性之佛」。

佛告：須菩提！若有說如來者，或來而感應，或去而入寂，或坐而跏趺，或臥而偃息，以此四儀，指名曰直性佛也。則皆著於有相，徒觀其形容，未窺其精蘊，是人因不解我所說之義理也。何故不解，蓋我所謂，如來者，謂真性佛也，真性佛無形無相，本無生滅。其來也，徧虛空，盡法界，無一物不不闡遮，要之諸法空寂，本來無有，何所從而來也。其去也，等觀自在，妙入無為，照五蘊之皆空，見六塵之非有，要之萬象全彰，一真常住，無所從而去也。如而不去，來而不來，故名如來，亦強名耳。

●華嚴經云：上覺無來處，去亦無所從，清淨妙色身，神力故顯現。

●疏鈔云：佛言，若有人言如來有來有去有坐有臥，即不解佛意也，何故，只如衆生妙性，還有來去坐臥否，衆生亦如是，如來亦如是，行住坐臥四威儀中，常住寂滅，若有動者，即云不解所說義也。

◉顏丙曰：行住坐臥，謂之四威儀，見性能行持人。所謂行住坐臥，常若虛空，若人言如來尚屬來去坐臥，是人不解會所說義理，何故，如來者，如如本性也，本無動靜，所以無去無來，故假名如來。昔肅宗皇帝詔國一禪師入內道場，師見帝起身，帝曰，禪師何必見寡人起身，師曰，擅越何得以四威儀中見貧道，如此步步行持謂之寂靜。

一合理相分第三十

分解：真性遍虛空，強名為一合。凡夫執成相，菩薩契妙理。一則不異，異則不一。若云微塵即世界則一。若云是一，則何有微塵世界各有其名。若云是異，則實無微塵世界之分。蓋微塵聚即為世界，世界散即為微塵。說異不可，說一亦不可。說合不可，說非亦不可。以合一，則不能異，合異，則不能一，此迷於一異者，皆不明平等法身之理也。

所謂一異之相，皆眾生知見，其實一異之相，皆是計名執取之病。蓋此世界微塵皆非實有也。

若微塵是實有，即不能聚為世界。若世界是實有，即不能散而為微塵。求其一，異之相不可得，若云：一合相非一合相者，皆是偏見也。

究竟法身真際，三身則一體，一體即三身。不但一合相不可見，即一合之理亦不可說。名相皆空，言語道斷，平等平等，會歸法身真際矣。

概論：佛又恐須菩提執見未泯，不徹般若真諦，未明法身，應身之理。故以三千大千世界碎為微塵，設比喻而破之。蓋應身不離於法身，猶如微塵不離於世界。世界喻法身，微塵喻應身，世界碎為微塵，即法身分為應身。微塵聚為世界，即應身會歸於法身。應身非異，應身亦是法身之體。法身非一，法身能起應身之用。微塵非世界，而微塵實是世界之體。世界非微塵，而世界實由微塵而起。佛說世界碎為微塵者，即是說法身分為應身也。法身本如虛空，則應身更非實有。世界本如鏡花，則微塵亦同水月。微塵既非實有，即世界亦非實有也。世界若是實有，即是一體，即是一合相，即不能碎為微塵之相也。

換而言之，應身既非實有，法身亦非實有也。法身若是實有即一相，一相亦是一合相，即不能起為應身之相也。

非一非異，非合非不合，所以如來說一合相，即非一合相，假名一合相而已！總之、本分在以明，有相皆虛妄之旨，指點一合相亦不可住也。

「須菩提！若善男子，善女人，以三千大千世界碎爲微塵，於意云何？是微塵衆寧爲多不？」須菩提言：「甚多，世尊！何以故？若是微塵衆實有者，佛即不說是微塵衆。所以者何？佛說微塵衆，即非微塵衆，是名微塵衆。」

註：微塵衆：衆即聚也。

本節是世界碎為微塵，其實行實是困難，然由理想假設。世界本為微塵所合成，轉而言之即微塵集合而成世界。假定世界碎為微塵將微塵分析至於微塵，鄰於虛空，不可再分，若再分之即等與虛空，是微塵是空非實。微塵既是空非實。由微塵所合成世界，亦是空非實。微塵空，世界空，一世界與衆微塵何異？故曰：世界微塵，不可言一，亦不言異，不可言一，亦不可言多也。

講：佛告：須菩提！如有善男信女，以三千大千世界碎為微細塵埃，汝意以為多否。須菩提答曰：以其非實乃見甚多，何以見之，此等微塵衆雖然極多，俱是人心之妄想之色身，安立其名而以矣。是因無自性故，無有定體，如幻如影起滅非常，有生滅，終非實有，佛則說不是微塵衆，何故，唯此妄塵皆是外來之物，非吾心上本所有之自性，故佛說非微塵衆，強名微塵而已。

「世尊！如來所說三千大千世界，即非世界，是名世界，何以故？若世界實有者，即是一合相，如來說一合相，即非一合相，是名一合相。」

註：一合相：真性也，真如也，一而不可分為二，合而不可折之離。以等於真性之虛空，不可以言語形容也。

講：須菩提白佛言：佛所說三千大千世界，皆由妄塵積聚而成，劫數盡時，亦有變壞，因其緣起性空無有獨存性之故也。所以虛幻不實，即非世界是名世界而已。

何以謂之非世界，若以世界為實有者，必是本來真性，自無始以來，常住不滅，此「真實之性，在於世界中打成一片，有而不滯於迹，無而不淪於虛，即是一合相」，然佛所說一合相者，原以真性等於虛空，豈假言說，所能形容哉，即非一合相，乃強名一合相矣。

王日休曰：何以故者，須菩提自問，何故世界非真實乎，乃自答云，若世界實有者，即是一合相，一合相謂真性也，真性虛空世界，又無形相，故一而不可分之以為二，合而不可折之以為離，非有相也，強名曰相耳。

若以世界為實有，則是真性耳。蓋真性方為實有，何則自無始以來常存而不變壞，自然而非假合，一切虛幻者，皆非真性之本，豈非實有乎。而世界烏可比之哉，以世界亦是假合，劫數盡時，亦有變壞，此所以為虛幻而不可以為實有，故不可比真性也。

如來說一合相者，須菩提謂，佛嘗說真性為一合相也。即非一合相者、謂真性如虛空，然非實有物，如一之而不可二，合之而不可離者也。

是名一合相者，謂但強名為一合相而已，凡言即非，皆謂實無也，凡言是名，皆謂虛名也。

◉李文會曰：但莫執為實有，亦執為實無，於相離相，故云即非一合相，是名一合相也。

『須菩提！一合相者，即是不可說，但凡夫之人貪著其事。』

講：佛見須菩提已悟其實，故而再告之曰：一合相之道，空而不空，妙不容言，即是不可以言說求也。

•華嚴經云：•離諸和合性，是名無上覺，佛以覺言，外覺離一切有相，內覺離一切空相，於相而離相，於空而離空得夫真空無相之妙，所以名為佛。

知見不生分第三十一

分解：真知無知，無所不知。真見，無見，無所不見。凡夫不悟般若之理，不能降伏其妄心也。凡有知見，外不能離六塵，內不能離緣影，知見愈多，而塵勞愈甚。終日為知見所迷，不墮於能知之障，即墮於所知之障。不迷於所見之相分，即迷於能見之見分。妄境薰妄心，妄心取妄境，總是心外取法，於自己本性上加添障礙。所謂斷除煩惱，反以重增病，趨向真如亦是邪。若能直下不生知見，了明涅槃生死，皆如空花，則本源清淨心體，當時圓明普照，故佛言，我於菩提實無所得，恐不信此理，故引五眼所見，真實不虛以證明之。然所云知見者，亦非全知見，即成斷滅。所云不生者，不生邪知見也，非無正知見也。若深明般若之用，不離知見，善能分別諸法相，則即開悟本心，如是知，如是見，不生法相矣。

概論：凡夫所以貪著其事者，因以有我見之故也。有我見，即有人，衆生壽者等見，若四見既無，即無有能貪之主體，更何有所貪之事物哉。況外界之事物，皆由心之所顯，本來外界之物本是空無所有，雖貪著，亦如鏡花水月。故菩薩發菩提心，我見既無，法見亦不當有也。佛說衆生著於我見，即是妄想也。

世尊，為釋此疑，故以問須菩提曰：若有人言，佛說我人等四見，此人了解我所說之義否？須菩提答：是人不解真理之義。何以故？世尊說我人等四見，是明其空，即非我人等四見，是明其空，即非我人等四見，是假名為我人，衆生，壽者見也。

世尊以須菩提已明我本來畢竟空，恐不徹於法，亦本來不可得之義，故又告之曰：發菩心者，於六根，六塵，六識，之一切法，當然洞徹本來空無所有，如鏡花水月，畢竟不可得。如是知見信解已，不生絲毫法相，卽是證得無上菩提也。

『須菩提！若人言：「佛說我見、人見、衆生見、壽者見，須菩提！於意云何？是人解我所說義不？」』「不也，世尊！是人不解如來所說義。何以故？世尊說我見、人見、衆生見、壽者見，即非我見、人見、衆生見、壽者見，是名我見、人見、衆生見、壽者見。

講：關于見，若人無有知見，却同頑石，佛豈無之，但知見有真，有妄。佛恐人若於妄見，定不能見性，故發此問曰：若人言佛說我人等四見，汝意如何，此人能會解得其義否？

須菩提答曰：佛之所說，我人等四見之義，是人多不解其理，何以見之。世尊所說，我人等四見，只為凡夫，拔其病根而說，不過借此四見之名而已。若真性中，般若之妙，如太陽當空，洞達無礙，卽非我、人、衆生、壽者，之妄見，但虛名為我、人、衆生、壽者見耳，豈真有此見哉。

『須菩提！發阿耨多羅三藐三菩提心者，於一切法，應如是知，如是見，如是信解，不生法相。須菩提！所言法相者，如來說卽非法相，是名相法。』

註・如是知，如是見：卽無上菩提之真知真見也。

・不生法相：於事之有形迹，如我、人、衆生、壽者之見，皆不萌於心也。

講・・佛告：須菩提！凡發無上正等，正覺心者，既悟徹無相之妙理，自然行而無相之妙行。如此以為真知，則知而無所蔽，如此以為真見，則見而無所障。如此信解，卽為妙悟而體行，相不生矣。法相不生，永遠不退轉，斯得真空無相之妙也。

佛再告：須菩提！所言法相者，亦如我相之義，我既非有，而法亦不可得，故云非法相，假名法相也。

應化非真分第三十二

分解：此分是總結之文，云法身非相，應化非真也。前文既云，人法皆空，既是人法皆空，持經何益？所以篇終歸結，仍重在受持讀誦。蓋衆生處處著相，若不從受持讀誦以般若法中，覓其法身非相之理，終難得悟也。須菩提雖悟法身全體，又疑法身無言說，既是法身無言說，何以如來現有說也。如來既有言說，豈不是有相有說也。如來反覆開導亦不能悟者，皆因不解化身佛能說，如如法也。其實化身非應，應身非化，亦應亦化，非應非化，全是法身之大用也。

何謂化身非應，法身是常住法，隨衆生心所感應，或隱佛身，或現龍鬼身也。

何謂應身非化，應地上機所現佛身，非五趣之所攝也。

何謂亦應亦化，聲聞所見相，是修成身，屬忽然有之身也。

何謂非應化，法報二身，既不屬應亦不屬化也。

今云，應化非真者，是說法身，本無言說相，假化身而說也。

以如如身，說如如法，不取於相，而無相無不相也。三身一體，一體三身，至此方真是般若無上之法，法身如如不動之體也。

概論：以上已談人空，法空，佛又恐後世之人，疑人法皆空，持經何益？故於篇終，又極言此第九次福慧相較。

因為着相獲福，受享有時，況且因享受其福，以致作惡業更易享盡。惟出世之福，無遺無漏，受享無窮。雖是較量勸說，然為提醒世人持經為勝，叮嚀反復，欲人淨信，實護念咐囑一片慈心也。

「須菩提！若有人以滿無量阿僧祇世界七寶持用布施；若有善男子、善女人，發菩提心者，持於此經乃至四句偈等，受持讀誦為人演說，其福勝彼。

註：發菩提心者：發廣大濟度衆生之心也。

講：佛告：須菩提！若有人，滿無量，無央數之世界七寶，以用布施於人間，他所得之福甚多，但是世間福也。

若有善男子善女人發廣大普濟之心，於此經偈，不徒受持，自見本性，又能演說於人，教人見性，人己兼成，此則出世間之福，受用無窮盡，寧不於彼哉。

云何爲人演說，不取於相，如如不動。」

註：如如：真如也，一切諸法之理體也。妙智慧所契之理，諸法體同，故名為如，彼此皆如，故曰如如，如非虛妄，故經中亦名真如。

・六祖壇經云：識自本心，見自本性，不生不滅，於一切時中，念念自見，萬法無滯，一真一切真，萬境自如如。如如之心，即是真實，若如是見，即是無上菩提之自性也。

講：佛自問云：以此四句偈，與人演說者，以如何而說之。乃自答云：不取於相，如如不動，蓋我真性，無上菩提之妙心，為無餘涅槃之實理，人法双泯情智俱忘，自無形迹之可求，亦無聲色之可見，不著於我、人、衆生、壽者，不住於色、聲、香、味、觸、法、本來真空，何有相可取，惟見如如焉。自然而然，一神通於法界，而定自真萬化，妙於無方，而體常寂靜，雖滅度衆生而無衆生之滅度，雖布施莊嚴而無心、威儀寂靜，知見不生，徧虛空世界而常住，而未嘗動也。此真四句而可以演說矣。

「何以故？一切有爲法，如夢、幻、泡、影，如露亦如電，應作如是觀！」

註・夢幻泡露電：夢出無心幻成有意，夢覺人幻，幻結如夢，皆從倒起也。

・水漚為泡，泡隨水消，形照為影，影從形滅，皆虛無實也。

・露以日晞，電以霽散，尤為倏起滅，此六者謂之六觀凡人事事之感應，山河之安立，天地之變化，都已說盡此四句偈剗盡經旨，正佛真滅度之處，觀無所具，空觀、假觀、中觀之妙智也。

講：佛又曉之云：我所謂如如不動者，何以故也，蓋真空無相，本自如如，一切賢聖，皆以無為法而親證之，若世間有所作為之事，皆虛妄不實如夢想之非真，如幻術之假化，如水泡之虛浮，如身影之恍惚，如朝露之易晞，如閃電之易滅，當作如是之六者觀看，可見世間事，諸行無常之生滅法也，非真有也。惟我如來不動之性，湛若太虛，超萬刼而常存，與人演說，其福德寧有盡哉。

•僧微師曰：夢幻泡影，如露亦如電，令行者了知萬法，如夢夜睡似有，覺醒全無，萬法迷時以有，悟得全無。故觀如夢。淨名云，是身如夢，為虛妄見。幻者、幻術也。剪草作兔，結草成馬，本無實體，萬法緣生妄有，本無自體故如幻。淨名云，是身如幻，從顛倒起。泡者，風激水成泡，豈能久住，觀萬物似浮漚不實，淨名云：是身如泡，不得久立。

水中月影，光射物影，全體虛假亦然，故如影。淨名云：是身如影，從業緣現。露者，晨朝露濕也。暫有卽無，觀萬法亦然。電者，閃電也忽有忽無，念念無常觀，萬法亦如電光，刹那生滅故如電，淨名云：是身如電，念念不住。

「維摩結經云，維摩結秦言淨名。」

『佛說是經已，長老須菩提，及諸比丘、比丘尼、優婆塞、優婆夷，一切世間天、人、阿修羅等、聞佛所說，皆大歡喜，信受奉行。』

講：佛既反覆大闡般若之法，說經已畢，首馬啓請人長老須菩提者，頓悟真空，已領心印矣，其時同會聽法者，有比丘僧，比丘尼，居士男女，一切世間之人，及天上人並阿修羅之神，聞佛所說此經，各各言下見性，不驚、不怖、不畏，皆大歡喜，幸正法之難遇，悅今日之躬逢，莫不信受其言，而領之於心，奉行其教而演之於人，雖億萬千刼來永證金剛不壞之身。佛之慈悲至極矣，覩是經者其報佛恩永遠難忘矣。

國家圖書館出版品預行編目資料

金剛經註講 / 弘定法師著. -- 初版. -- 新北市：華夏出版有限公司, 2024.01

面； 公分. --（圓明書房；032）

ISBN 978-626-7296-57-8（平裝）

1.CST：般若部

221.44 112009973

圓明書房 032

金剛經註講

著 作 弘定法師

出 版 華夏出版有限公司

220 新北市板橋區縣民大道 3 段 93 巷 30 弄 25 號 1 樓

電話：02-32343788 傳真：02-22234544

E-mail：pftwsdom@ms7.hinet.net

印 刷 百通科技股份有限公司

電話：02-86926066 傳真：02-86926016

總 經 銷 貿騰發賣股份有限公司

新北市 235 中和區立德街 136 號 6 樓

電話：02-82275988 傳真：02-82275989

網址：www.namode.com

版 次 2024 年 1 月初版一刷

特 價 新臺幣 350 元（缺頁或破損的書，請寄回更換）

ISBN-13：978-626-7296-57-8